Don Otto betreibt einen kleinen Musikladen in Bogotá, vor allem aber eine Art Lebenshilfe-Ambulanz. Ob Punker, Partygirl, Politiker, ins Zivilleben zurückgekehrter Guerillero, ja selbst erklärter Musikhasser: Für jeden legt Don Otto die richtige Musik auf, serviert dazu eine Tasse duftenden kolumbianischen Kaffee und lässt sich bereitwillig auf ein Gespräch ein, das nicht selten zum sokratischen Dialog gerät.

Don Otto, als Kenner und Liebender, bringt dabei funkelnde Anekdoten und Erkenntnisse aus dem Leben und Werk der Komponisten an den Tag – von Bach, Bartók und Beethoven bis Prokofjew, Strauss oder Telemann. So erweist sich *Don Ottos Klassikkabinett* als wunderbar vielstimmig klingende Schatztruhe, aus der sich jeder schmunzelnd sein Lieblingsstück heraussuchen kann.

»Dank sei den Göttern des Olymp für dieses wunderbare Büchlein.« *Jorge Consuegra*

Mauricio Botero

Don Ottos Klassikkabinett

Aus dem Spanischen von Peter Kultzen

Unionsverlag

Die Originalausgabe erschien 2001
unter dem Titel *Otto, el vendedor de música*
bei Editorial la Serpiente Emplumada in Bogotá.
Deutsche Erstausgabe

Im Internet
Aktuelle Informationen,
Dokumente, Materialien
www.unionsverlag.com

Rieterstrasse 18, CH-8027 Zürich
Telefon 0041-44-283 20 00, Fax 0041-44-283 20 01
mail@unionsverlag.ch

Einbandgestaltung: Peter Löffelholz, Zürich
Druck und Bindung: CPI – Clausen & Bosse, Leck
ISBN 978-3-293-00409-2

Für Mauricio,
nachdem wir all die Jahre niemals
einer Meinung waren.

Ich will einem Spruch mein Ohr neigen
und kundtun mein Rätsel beim Klange
der Harfe.
Psalm 49,5

Sie sollen loben seinen Namen im Reigen;
mit Pauken und Harfen sollen sie ihm spielen.
Psalm 149,3

Vorbemerkung

Mein Name ist Otto Roldán, ich bin passionierter Musikforscher und betreibe seit Jahren – auch als der beängstigende Schritt über die Jahrtausendschwelle getan werden musste – im Bogotaner Stadtviertel Chapinero gegenüber der Kirche Nuestra Señora de Lourdes den Musikladen La Caja de Música.

Schweigsame, harmonische, atonale oder misstönende Menschen kommen hier vorbei. Auf der Suche nach den großen Werken bevölkern sie die Partitur des Lebens.

Viel beschäftigter Leser, nur für einen kurzen Augenblick steht ihr Bild vor uns; doch ebendiese Kürze beweist, dass das Fragment mehr umfasst als das Ganze.

Das Erwachen der Vögel

Vielleicht weil ich immer so frohgemut in meinem Musikladen stehe, vertrauen meine Kunden mir ihre Sorgen und Zweifel an, eine delikate Angelegenheit, hat doch alles, was unser Ohr aufnimmt, seine Wirkung. Ist mir einmal nicht danach, verhalte ich mich entsprechend – mit der Seele gilt es sorgfältig umzugehen, nicht anders als mit einem alten Freund. In solchen Fällen übergebe ich mein Amt an die beflissene Adela, die sich mit der Geduld einer kinderlosen Mutter all derjenigen annimmt, die zu ihr kommen, ihrer bewährten Devise folgend: »Ich war er, und ich verstand ihn.«

Heute aber hatte Adela ihren freien Tag. So legte ich alleine die *Krönungsmesse* auf, die Mozart im Alter von dreiundzwanzig Jahren komponiert hat; der Dirigent bei dieser Aufnahme war Rafael Kubelik. Da kam eine Gruppe Punks herein, mit Haaren in Farben, wie die Natur sie nicht nachzuahmen versucht. Eingeschüchtert wie der schiffbrüchige Odysseus, als er am Rande einer ihm unbekannten Stadt stand, fragte ich mich: Sinds unmenschliche Räuber und sittenlose Barbaren oder Diener der Götter und Freunde des heiligen Gastrechts?

Der Anführer – jugendlicher Protest verlangt nach Anführern – war ein stadtbekannter Rocker, seine Band nannte sich Nationales Befreiungsheer, und um den Hals hing ihm ein Hakenkreuz. So weit ist es gekommen mit den Ideologien, musste ich denken, als ich das als Untier verkleidete Untier aus dem Augenwinkel betrachtete. Vielleicht will er aber auch nur die Form wahren, sagte ich mir dann.

Zu meiner Überraschung waren sie auf der Suche nach einem kleinen Juwel von Messiaen,

Das Erwachen der Vögel. Barsch verlangte der Anführer die beste Aufnahme, worauf er, als erinnerte er sich an ein längst vergessenes koptisches Ritual, ein »bitte« nachschob. Das Ritual wirkte Wunder, ich gab ihm die Einspielung des Sinfonieorchesters Baden-Baden, mit Rosbaud und Loriod. Der Rest der Truppe äußerte sich derweil lobend über das Sopran-Solo des Kyrie von Mozarts Messe, welches nach De Quincey den Eindruck vermittelt, eine Prozession ziehe leibhaftig an einem vorbei und verschwinde in der Ferne …

Die schwarz gekleidete Schlagzeugerin, deren Hahnenkamm auf der einen Seite karottenfarben, auf der anderen bischofsviolett leuchtete, wollte wissen, wer die Interpreten der Aufnahme von Messiaen seien.

Ich erklärte ihr, dass der Komponist die Stimmen lebender Vögel aufgenommen habe, die das Orchester und das Klavier begleiteten, von der Nachtigall, die der Dunkelheit Lebwohl sagt, bis zum Kuckuck, der die Sonne hinter dem Berg hervorruft.

Das fanden sie großartig, und der vorzeitig

kahl gewordene Gitarrist, dessen Nase von einem zweifachen Ring durchbohrt war, erkundigte sich nach dem Leben Messiaens. Ich sagte, er habe in einem deutschen Kriegsgefangenenlager sein *Quartett für das Ende der Zeit* komponiert. Einen Großteil der Klänge habe er zusammen mit seinen Unglücksgenossen nur zum Ertönen bringen können, indem sie aus Löffeln und Stöcken Instrumente bastelten. Das habe ihm geholfen, zu überleben. Später war er Organist der Kirche La Trinité in Paris. Er war ein sehr gläubiger Mensch, fügte ich hinzu, was ihnen weniger gut zu gefallen schien.

Die Schlagzeugerin wollte noch mehr wissen: »Wohnt er im Urwald?«

»Er ist vor ein paar Jahren gestorben.«

»Hey, ein alter Knacker also!« Worauf sie und ihr Anführer, um den launigen Kommentar zu feiern, laut knallend die Hände aneinanderschlugen. Da hatte ich das Gefühl, mich gleich zweifach in ihnen getäuscht zu haben, zuerst, indem ich ihnen misstraute, und danach, indem ich ihnen vertraute. Ungeduldig griff ich nach der CD, ich hatte nur dieses eine Exemplar. Der Stammesführer zog zwei zerknitterte Geldscheine hervor, zum Glück reichte es nicht. Als ich die CD schon siegesgewiss wieder wegräumen wollte, rief er »Sammelkasse«, und alle gaben etwas dazu. Grußlos zogen sie ab und ließen mich um ein Vorurteil ärmer, aber auch ohne Messiaen zurück.

Vivaldi

Obwohl Miniröcke damals ungeheuer in Mode waren, wollten die beiden jungen Frauen, die in den Musikladen kamen, sich diesem Diktat nicht unterwerfen und hätten viel lieber ganz auf ihre Röcke verzichtet. Ich wappnete mich gegen die Attacke, indem ich mir sagte, dass ein wenig Schamhaftigkeit dem Begehren noch nie geschadet hat. Dann versuchte ich, mich daran zu erinnern – obwohl es gar nichts mit der Situation zu tun hatte –, wer noch mal gesagt hatte: »A mode of truth, not of truth coherent and central, but angular and splintered …« Dass einem ein Name nicht einfällt, kann in einer kleinen Welt wie der meinen vieles bedeuten, bedeutungslos ist es jedenfalls nie – »eine Art Wahrheit, wenn auch nicht kohärent und zentral, sondern schief und zersplittert …« Robert Frost? Coleridge?

Sosehr es manchmal schmerzt, die Vergangenheit heraufzubeschwören – weshalb nur, überlegte ich, ist es so beglückend, wenn man sich ganz plötzlich an etwas erinnert?

Da weckten mich die hämmernden Klänge des Allegro vivace von Beethovens Klaviersonate Nr. 13, die mich unaufhaltsam meinem Tod entgegentrieben. Die beiden jungen Frauen näherten sich mit klappernden Absätzen auf dem Marmorfußboden. Es hörte sich an wie die *Leichte Kavallerie* von Franz von Suppé.

Die Weizenblonde gewann den Wettlauf und sagte: »Ich möchte etwas mit klassischer Musik. Aber es soll schön sein.« Womit sie auch gleich ihre Meinung über den schwer einzuordnenden Beethoven kundtat.

Ich seufzte, schließlich ist es zwecklos – erst spät habe ich das begriffen –, mit jemandem diskutieren zu wollen, der nicht die Gelegenheit gehabt hat, zum entsprechenden Zeitpunkt bestimmte Erfahrungen zu machen. Der Sänger, den gerade alle hören, klingt für ihn einfach besser, und jede Kritik daran kommt ihm vor wie kapriziöse Bescheidwisserei. Capriccio ma non troppo, dachte ich lächelnd.

Und so war es dann auch: Die andere, mit sauerstoffblonden Haaren, fragte, ob ich Aufnahmen von Julio Iglesias dahätte. »Nein, sagte ich, der Arzt hat mir Süßspeisen verboten.« Sie sah mich an, als wäre ich verrückt. Und das bin ich ja auch – diese beste aller musikalischen Welten, in der ich hier lebe, ist nicht normal. Wie soll man außerdem Musik mit Worten erklären?

Um mich aus der Reserve zu locken, stellte die Weizenblonde sich vor: Wider allen Augenschein hieß sie Virginia. Sie sagte, sie wolle das Stück hören, das sie gestern Abend in Radio Lente gespielt hätten. Die Sauerstoffblonde soufflierte: »Das spielen sie auch immer beim Quiz in Teletigre.«

Ich händigte ihnen das Telefonbuch aus. Sie

machten einen Anruf. Des Rätsels Lösung hieß Vivaldi, *Vier Jahreszeiten*. Ich ließ sie die makellose Einspielung des Giardino Armonico hören, worauf die Weizenblonde wie zur Entschuldigung sagte: »Es soll ein Geschenk für den Liebsten von meiner Schwester sein, der ist so ein bisschen intellektuell.« Ohne rechten Zusammenhang fügte die andere hinzu: »Ich bin aus Valle del Cauca und höre gerne anspruchsvolle Musik.«

»Das schließt sich doch nicht aus«, erwiderte ich lächelnd. Da fiel mir ein, dass der Satz mit der zersplitterten Wahrheit von Thomas de Quincey stammt. Meine Laune besserte sich schlagartig. Auf einmal unterhielt ich mich ganz entspannt mit den zwei Evas, die meine Zuneigung zu gewinnen suchten und dafür sogar ihre musikalischen Überzeugungen aufgaben.

Ich sagte: »Vivaldi war ein Priester mit roten Haaren und hat vor dreihundert Jahren in Venedig gelebt.«

»Ist das diese Stadt, die untergeht?«, fragte Virginia mitleidig, als wären deren Bewohner hilflos ihrem Schicksal ausgeliefert.

»Genau.«

»Oh je, das haben sie neulich im Fernsehen gezeigt. Aber wenn er Priester war, hat er bestimmt nie eine Freundin gehabt«, fügte sie, schon weniger begeistert, hinzu.

»Im Gegenteil«, sagte ich, »er hat mit zwei Schwestern zusammengewohnt.«

»Zwei Schwestern? Der schämt sich wohl gar nicht! Was hat denn die Kirche dazu gesagt?«

»Na ja« – ich wollte dem Ganzen einen harmloseren Anstrich verleihen –, »also der Nuntius hat ihn denunziert.«

»Können Sie mir nicht noch ein bisschen mehr über ihn erzählen, wegen Robert, meine ich«, bat sie.

»Er hat über sechshundert Stücke komponiert. Und er war der Ansicht, die Musik bringt unsere Träume zum Klingen.«

»Sechshundert?«, rief Virginias Begleiterin staunend. Und als gäbe es hier einen verborgenen Zusammenhang, fragte sie: »Hat er Kinder gehabt?«

»Soweit ich weiß, nicht«, sagte ich und fügte als Antwort für das von ihr aufgerufene Unbewusste hinzu: »Manche Kritiker sagen unfairerweise, Vivaldi habe nicht sechshundert Stücke komponiert, sondern sechshundertmal das gleiche Stück.«

Sie lachten, und beide hakten sich folgerichtig im Fortgehen bei dem lebenslustigen Geist Vivaldis unter, der ihnen harmonisch über die sich in Nichts auflösenden Miniröcke strich.

Borodin

Vielleicht war ich eingeschlafen, ohne die ewigen Wächter anzurufen, jedenfalls träumte ich, ich hätte eine monströse ganze Zahl zwischen zwei und drei entdeckt. Eine Zahl, die alle Träume verschlang, jede Rechnung unmöglich machte und das gesamte Universum durcheinanderwarf.

Als ich aus dem mathematischen Alb erwachte, sagte ich mir: Die Musik braucht Momente der Stille, aber auch entschiedene Akzente und Dissonanzen, um das Schreckliche auszudrücken. In der Malerei dagegen ist für die Augen gerade das schrecklich, was die

Hände nicht anrühren mögen, eine Wunde, zum Beispiel.

Nach dem morgendlichen Kaffee durchquerte ich nachdenklich den Lourdes-Park. Als ich an der Statue meines Urgroßonkels vorbeikam, verbeugte ich mich unmerklich vor seinem Bronzeabguss, denn den folgenschweren Fehler vom Vorabend wollte ich im wachen Zustand keinesfalls wiederholen.

Im Musikladen breiteten sich die dämmrigen Chöre Borodins aus wie Nebel, der sich in Nebel auflöst, und versetzten mich in das geheimnisvolle Reich von *Fürst Igor,* wo die Seele weiß, dass sie einem anderen Reich verpflichtet ist. Da kam Marta herein, ohne Germán, das kurze Haar bedeckt mit einem sportlichen Tüchlein; sie hätten sich getrennt, verkündete sie, und schon schluchzte sie los.

Ich spürte, wie schwer sie an der Last trug, die Spannung zwischen der zupackend-selbstgewissen Geisteshaltung der postmodernen Yuppie-Bürofrau und dem drängenden Verlangen nach Zärtlichkeit einer Großmutter auszuhalten, die darauf wartet, dass man ihr im Mondenschein Bolero-Serenaden vorträgt. *You can't have it both ways* – beides zugleich geht nicht. Aber ich sagte nichts, denn die Umstände erforderten Zartgefühl statt kalter Vernunft.

An Vernunft mangelte es der hochintelligenten Marta ohnehin nicht, jedoch gelang es eben dieser Vernunft nicht, ihrer Liebe so viel Substanz angedeihen zu lassen, dass sie imstande gewesen wäre, das heimische Herdfeuer in Gang zu halten – genau hierin bestand ihre Tragik.

Ich fürchtete schon, Marta werde umgehend mit der eisigen Präzision eines Bankiers, der seinen Bankrott verkündet, eine Bestandsaufnahme ihrer Liebesverhältnisse beginnen – während ich, wenn auch zeitlebens Junggeselle, doch stets den Mut meiner Mitmenschen bewundert habe, sich auf das Abenteuer einzulassen, gemeinsam alt zu werden. Wie ihn etwa Johann Sebastian Bach an den Tag gelegt hat, indem er zu seiner Frau sagte: »Dein blondes Haar war so lange Sonnenschein für mich, nun ist das silberne mein Mondenschein – und das ist viel besseres Licht für uns junge Liebesleute.«

Marta aber ließ sich keineswegs von der Bitterkeit dazu verführen, alles nurmehr im schwärzesten Licht zu sehen, und sagte stattdessen: »Der Priester hätte mir klarmachen müssen, dass ein monogames Verhältnis ein Ding der Unmöglichkeit ist. Schließlich bekommen wir es, sobald wir heiraten, mit einer ganzen Abfolge von Personen zu tun, in die sich unser Geliebter im Lauf der Zeit verwandelt. So kommt es, dass wir eines Tages neben einem Unbekannten erwachen, und die Anhänglichkeit zu unserer ersten Liebe bringt uns dazu, die Scheidung von dem seltsamen Zweiten zu verlangen.« Sie seufzte, wischte sich mit dem Ärmel eine Träne aus dem Gesicht und fuhr fort: »Was man brauchte, wäre ein Scheidungsritual, mit Aufschneiden der Ringe, Verbrennen der Heiratsurkunde und schweigendem Kerzenlöschen. Einen Akt öffentlicher Trauer über das innerliche Zerreißen des gemeinsamen Gewebes. Ohne dies bleibt eine unsichtbare Frage zurück, für die niemand eine Lösung hat, und die Leidenschaft verwandelt sich in Groll, der länger anhält als alles Übrige.«

Anstelle von Borodin erklang inzwischen Bruckners *Romantische Symphonie,* und in Marta nahm derweil der berühmte Vers Gestalt an: »Sich verlieben heißt eine Religion schaffen, deren Gott fehlbar ist.« Ich sah Marta an und bemühte mich, nicht über sie zu urteilen, denn alles, was ich jemals von jener Leidenschaft wusste, hatte ich vergessen, und dieses Vergessen schien mir ein Gewinn.

Wachgerüttelt vom fernen Hörnerklang, fragte Marta, was für eine Musik das sei, und ich erklärte ihr, dass sie im Zweiten Weltkrieg als geheimes Erkennungssignal gedient habe:

Nachdem Hitler bei seinem Spiel, ein wahrer Wikinger zu werden, zuletzt alle erschießen ließ, die seinen Sieg infrage stellten, verständigten sich einige seiner Minister insgeheim darauf, die Berliner Symphoniker für den Fall der endgültigen Niederlage Deutschlands Bruckners vierte Symphonie anstimmen und damit das heilige gewohnte Programm unterbrechen zu lassen. Der erste Satz dieser Symphonie klingt wie eine Handvoll Ritter, die im Morgengrauen aus ihrer Festung ausreiten.

Und so bemerkten die Besucher des Berliner Konzerthauses tatsächlich an einem Abend der ersten Aprilwoche 1945 – während die Russen bereits auf die Stadt vorrückten –, dass einige hohe Funktionäre unversehens in Tränen ausbrachen; sie hielten es für einen Beweis, wie empfänglich die Nazis für Bruckner waren.

Marta lächelte erleichtert, so als dächte sie: *In einer Welt aus Wasser, wer merkt da schon, wenn der Schwertfisch weint?*

Beim Abschiednehmen warf sie mir einen durchdringenden feuchten Blick zu. Als sie fortging, erfasste mich erneut die Furcht vor der Zahl aus meinem Traum, die alle Logik außer Kraft setzte. Doch dann erinnerte ich mich – ich weiß selbst nicht, warum – an einen Film von Fellini, in dem an einer Stelle auf Scheherezade und ihre tausendundeine Nächte verwiesen wird, in denen *die Wahrheit nicht in einem, sondern in vielen Träumen verborgen liegt.*

Béla Bartók

Der Nachmittag hatte sich vor dem Fenster niedergelassen, um uns dabei zuzusehen, wie wir, ohne es zu merken, die Zeit verstreichen ließen.

Ich lauschte gerade dem berühmten Hochzeitsmarsch aus dem *Sommernachtstraum,* da kam Federichi herein, ein gutmütiger Mathematiker, der als junger Mann mit den Partisanen gegen die Nazis gekämpft hatte. Das magische Elfenreich, das Felix Mendelssohn Bartholdy im Alter von siebzehn Jahren hervorgezaubert hatte, unterwarf sich den gesamten Musikladen. Den ehemaligen Partisanen jedoch verlangte es nach dem *Barbier von Sevilla*. Figaro, Figaro, Figaro, brummte er vor sich hin.

Ich reichte ihm die Aufnahme mit Alceo Galliera und Maria Callas, und er nannte mich, wie einst Dante, als er sich in Versform an Vergil richtete, seinen »Führer«. Ich nutzte die Gelegenheit, ihm ein Problem darzulegen, das zu lösen mir bislang nicht gelungen war. Bereitwillig verlangte er nach einem Blatt Papier.

Ich sagte, Bartók habe die Länge seiner Komposition *Musik für Saiteninstrumente, Schlagzeug und Celesta* gemäß der Fibonacci-Folge festgelegt.

Kaum war der Name Fibonacci gefallen, begann Federichi auch schon zu schreiben: 1,2,3,5, 8,13,21,34 ... Dazu sagte er: »Diese Zahlenfolge meines Landsmannes Fibonacci bestimmt das Wachstum von Schneckenhäusern, die Anzahl der Blütenblätter einer Blume wie auch die der Vorfahren einer Biene, das Versmaß Vergils, die Proportionen griechischer Vasen, den goldenen Schnitt der von Freimaurern errichteten gotischen Kathedralen.«

Er machte eine Pause, um Luft zu holen, und fuhr fort: »Wir finden sie wieder in den Planetenabständen wie auch in bestimmten subatomaren Strukturen. Jede Zahl dieser Folge stellt die Summe der beiden vorausgehenden Zahlen dar. Erstaunlicherweise formulierte Fibonacci sie bereits im Mittelalter.« Es war, als trüge Federichi mir sein Lieblings-Spaghettirezept vor.

Wäre ich ein tibetanischer Buddhist und Eingeweihter, sagte ich mir, würde ich jetzt wahrscheinlich seine schimmernde Aura wahrnehmen. Auch wenn mir diese Gabe versagt ist, konnte ich doch hören, wie sein Geist bei jedem neuen Einfall fröhliche Xylophonklänge von sich gab. Ja, Federichi konnte man tatsächlich beim Denken zuhören ... Seine rastlos dem gesamten Universum zugewandte Seele glich einer Wolke, die alles in sich aufnimmt, um anschließend verschwenderisch ihren Leben spendenden Segen auszuteilen.

Fröhlich stampfend erklang der Schlussmarsch der Elfen und Spaßmacher Felix Mendelssohns, den gestern noch die Nazis verboten hatten. Ich erklärte Federichi, dass ich die Sache trotzdem nicht verstand.

»Wo liegt das Problem?«, fragte er voll mathematischer Begeisterung.

»Laut Auskunft der Bartók-Spezialisten besteht das Stück aus neunundachtzig Takten, ich komme aber nur auf achtundachtzig.«

Ich spielte es ihm vor. Gemeinsam zählten wir die Takte mit. Insgesamt dreimal, bis der Professor schließlich ausrief: »Porca miseria! Wir haben vergessen, die Stille am Ende mitzuzählen, dabei ist das eine Stille voller Musik!«

Wie recht er doch hatte, es war ganz offensichtlich. Als wir unsere Entdeckung feierten, gab Adela uns einen Rat: »Mein Vater hat immer gesagt, wenn wir den Flug der Reiher verfolgen, dürfen wir nicht anfangen, sie zu zählen, andernfalls bleibt uns das Geheimnis ihres Tanzes verborgen.«

Als der Professor sich verabschiedete, merkte ich, dass ich es mit Bartók ein wenig übertrieben hatte, doch die diskrete Adela hatte ihn längst durch die sanfte *Moldau* Smetanas ersetzt, der als junger Mann ebenfalls für die Verteidigung seines vom Untergang bedrohten Vaterlandes zu den Waffen gegriffen hatte.

Das wohltemperierte Klavier

Ich hatte ein Wochenende lang geübt, was die Lateiner »tempus tacendi« nannten – die Gewohnheit, von Zeit zu Zeit ein heilsames Schweigen einzuhalten, in dem die Seelenfrüchte reifen können. Als ich auf die Straße trat, rief mir der aufdringliche Montagmorgen Bogotás gnadenlos ins Gedächtnis, dass wir inmitten einer Einöde hausen. Nur zu deutlich erkannte ich, dass ich, und mit mir alle, die unterwegs waren, leibhaftige Beweise für die Richtigkeit von Heraklits Fragment abgaben: »Nicht hören und nicht sprechen können sie. Anwesend sind sie doch nicht da, den Tauben gleich …«

Als ich im Musikladen eintraf, empfing mich

Adela mit Monteverdis *Madrigalen von Liebe und Krieg*. Etwas an ihrer Begrüßung war anders als sonst. Ich rätselte, weshalb Ungewohntes im Gewohnten zu entdecken stärker beunruhigt als das Gewohnte im Ungewohnten, so wie wenn ein altbekannter Weg uns unversehens auf nie betretenes Terrain führt.

Auch an diesem Tag fiel irgendwann der Strom aus, sei es, weil die Guerilla mal wieder einen Strommast in die Luft jagen musste, sei es, weil ein hohes Tier des Energiekonzerns die Gegenleistung für sein Bestechungsgeld zu erbringen hatte. Wie der Held aus José Eustasio Riveras Roman *Der Strudel* kann Kolumbien von sich sagen: »Noch bevor ich mich zum ersten Mal in eine Frau verliebte, verpfändete ich mein Herz im Spiel, und die Gewalt trug es als Sieger fort.«

Inmitten dieser musikalischen Zwangspause erschien – von weit her – Adelas einzige Verwandte. Mit dabei hatte sie ein Kind, das an einer Nervenstörung litt; seine Augen waren ganz verdreht.

Als wäre es die natürlichste Sache der Welt,

bat sie mich, ihr eine Musik zu nennen, mit der sich die Krankheit ihres Kindes behandeln lasse – Einfalt und Unschuld gingen in dieser Bitte eine untrennbare Verbindung ein.

Ich sah Adela an und musste feststellen, dass auch sie nicht mehr und nicht weniger von mir erwartete.

Um Zeit zu gewinnen, fragte ich nach der Krankengeschichte. Adela erzählte, das Kind sei von Geburt an merkwürdig gewesen, und als es fünf Jahre alt war, seien eines Tages bei ihm zu Hause – in einem Dorf irgendwo im Departement Magdalena – Paramilitärs erschienen und hätten vor seinen Augen den Vater ermordet.

Die Mutter schaltete sich ein: »Ich bin mit ihm schon bei mehreren Ärzten gewesen, aber besser geworden ist es bis heute nicht. Wenn ich ihn allein lasse, ist er zu allem Möglichen fähig.« Sie ging zur Toilette, und der Junge verlor sogleich die Fassung. Er warf sich bäuchlings auf den Boden und schlug immer wieder mit dem Kopf dagegen. Wir mussten ihn festhalten, bis die Mama zurück war.

»Ist das immer so?«, fragte ich.

»Nein«, antwortete sie, »es gibt da so eine Musik, bei der wird er ruhig.« Überrascht von dieser offenbar therapeutischen Wirkung erkundigte ich mich nach dem Komponisten. »Das weiß ich eben nicht«, sagte sie, »mein Mann hat uns eine Kassette mit Musik hinterlassen, aber von wem die ist, weiß ich nicht, und die Kassette ist jetzt kaputt.«

Da war auf einmal der Strom wieder da. Während Adela Kaffe servierte, überlegte ich hin und her, denn dass die Musik einen Einfluss auf uns hat, ist klar, aber wie genau dieser funktioniert, steht auf einem anderen Blatt.

Blitzartig erinnerte ich mich daran, dass manche Benediktinermönche alle Kraft verloren hatten, nur weil sie die tausendjährige Tradition ihres gemeinsamen Singens aufgaben, worauf ihnen die Ärzte die Wiederaufnahme ebendieses Gesanges verordneten. Und ich musste an den Mozart-Effekt denken: Spielt man Schülern seine *Sonate für zwei Klaviere* vor, schärft das ihre Intelligenz. Wie ich mir auch das Beispiel Mozarts selbst in Erinnerung rief, der im zarten Alter von drei Jahren bei der geringsten Dissonanz zu weinen anfing. Von der hypnotischen – um nicht zu sagen unheimlichen – Wirkung von Ravels *Bolero,* der sich in labyrinthischen Wiederholungen verliert, ganz zu schweigen.

Im selben Augenblick, wie es so geht, wenn die Umstände danach verlangen, erinnerte ich mich – Sonne und Mond – an Beethovens fünfte und sechste Symphonie, die – auf strikt entgegengesetzte Art und Weise, aber beide gleichermaßen wirksam – die Melancholie zu lindern vermögen. Die fünfte mit ihren nächtlichen Geigen, die sechste mit den Flöten der Freiheit.

Kurz: Auf der einen Seite gab es die gregorianischen Gesänge, um den Geist wohltätig zu beträufeln; auf der anderen sanfte Harfenklänge zur Beruhigung der bekümmerten Seele.

Schließlich fiel mir noch ein, dass man einst Bach um Musik gebeten hatte, um den Grafen Keyserlingk von seiner quälenden Schlaflosigkeit zu heilen, worauf er eine *Aria mit 30 Veränderungen,* auch bekannt als *Goldberg-*

Variationen, für ihn komponierte. Doch nichts von alldem schien mir im vorliegenden Fall zu passen.

Da erinnerte ich mich an einen Versuch, den man einmal mit Ratten gemacht hatte: Sie wurden in einem Gehege mit, bis auf die Musik, überall gleichen Bedingungen gehalten. Zum Nestbau begaben sich die Ratten in die Ecke, wo Bach zu hören war, was keiner von ihnen in der Rockmusik-Ecke eingefallen wäre.

Tauschte man die Musik in den beiden Ecken aus, zogen die Ratten um. Die Rock-Fans sahen sich bestätigt – schließlich hatten sie den Ratten von Anfang an wenig musikalischen Sachverstand zugetraut. Da traf es mich wie eine blitzartige Erleuchtung, und – ich weiß selbst nicht recht, warum – ich legte das *Wohltemperierte Klavier* auf, in einer Einspielung von Wanda Landowska, der Lehrerin Rafael Puyanas. Bei den ersten Tönen kniff das Kind erschrocken die Augen zusammen, doch dann lösten sich seine Finger, die sich bis dahin an den Rock der Mutter geklammert hatten.

Es schien in eine andere Sphäre versetzt, wo gütige Geister ihm beruhigend zusprachen.

Erleichtert wollte die Mutter alles über Johann Sebastian Bach wissen, wobei sie gestand: »Anfangs war das für mich die reinste Begräbnismusik, nur dem Kleinen zuliebe habe ich es ausgehalten. Aber inzwischen will ich gar nichts anderes mehr hören.«

Adela flüsterte mir zu, die beiden hätten keinen CD-Player. Da man Übles jederzeit begehen kann, die Gelegenheiten, Gutes zu tun, jedoch gezählt sind, schenkte ich ihnen zehn beruhigende Bach-Kassetten und den alten Rekorder noch dazu, bat allerdings die Mutter, niemandem davon zu erzählen. Schließlich ist der Musikladen immer noch ein Geschäft.

Beethoven

Die *Prometheus*-Ouvertüre durchbrauste den Musikladen. Beethoven schrieb sie einst zur Feier des Helden, der für die Menschen dem Gott Zeus das Feuer stahl. Da stellte mir ein gerade hereingekommener Bewunderer des italienischen Komponisten Scarlatti Don Nicolás vor – diesem missfalle die Musik, sagte er dazu.

Wer etwas gegen klassische Musik habe, befinde sich im Einklang mit der Mehrheit der Bewohner unseres Planeten, erwiderte ich, der Abweichler in diesem Fall sei ich.

»Nein«, sagte Don Nicolás zur Erklärung, »ich kann überhaupt keine Musik ertragen.«

Das machte ihn freilich zu jemand Besonderem.

Ich wies Adela an: »Stellen Sie doch bitte Don Nicolás zuliebe diesen Lärm ab!«

Er lächelte über meine Ironie, zeigte sich aber unübersehbar erleichtert, als es still wurde – sein Blick sprach Bände. Warnend sagte er sodann: »Ich bin entschieden *melophob,* auch wenn es dieses Wort eigentlich gar nicht gibt.«

Er gab sich biedermännisch, um Einigkeit auch im Streit bemüht, doch kaum äußerte der Scarlatti-Liebhaber sich lobend über Beethovens *Geschöpfe des Prometheus,* hielt Don Nicolás mit einer ersten scharfen Salve energisch dagegen: »Prometheus wurde in Ketten gelegt, aber nicht weil er den Göttern die Technik – das Feuer – stahl, sondern weil er diese Technik gegen die göttliche Gäa wandte, die Mutter Erde. Er sprang mit ihr um wie mit toter Materie. Doch jetzt, wo wir die Götter los sind, wer befreit uns da von diesem freigesetzten Befreier?« Dabei zwinkerte er heftig mit einem Auge.

Der kreolische Scarlatti konterte mit dem

Argument: »Die Umweltzerstörung kommt nicht von der Technik, sondern von deren unsachgemäßer Anwendung.«

Don Nicolás stichelte weiter: »Unbegrenzt sind die Möglichkeiten der Technik bloß hinsichtlich ihrer Fähigkeit zur Zerstörung.«

Da ich wissen wollte, was er gegen die Leidenschaft meines Lebens einzuwenden hatte, fragte ich ihn: »Und was ist dann die Musik?«

Ohne Zögern antwortete Don Nicolás: »Die Entweihung der Stille. Sehen Sie, in der Stille blühe ich auf wie in einem prächtigen Garten. Die Musik dagegen führt Schritt für Schritt zu dessen Zerstörung.«

»Wie? Was? Beethovens Neunte Zerstörung?«, rief Scarlatti empört.

Wiederum lächelte Don Nicolás: »Am Anfang dieser Symphonie erbeben die Streicher in orgastischem Zittern – die Erbsünde –, und am Ende schließen sie auch die menschliche Stimme mit ein. Und doch hat Beethoven bereits in seiner fünften Symphonie mit vier heftigen Schlägen das Wort zum Schweigen gebracht und das Schicksal als Herrscher über die Wechselfälle des Lebens eingesetzt. Zum Lohn hierfür beschenkten die Götter ihn mit Taubheit.«

»Chapeau!«, sagte ich, um den gekonnten Treffer zu würdigen. Doch Scarlatti hatte mich nicht richtig gehört und sprach an meiner Stelle weiter: »Ja, der reinste Schupo! Und wie wollen Sie bitteschön über etwas urteilen, was Ihnen von vornherein zuwider ist?«

Don Nicolás gab sich unbeeindruckt: »Ich urteile je nach dem Schmerz, den ich bei einer Musik empfinde. Beethovens viertes Klavierkonzert, zum Beispiel, jagt mir einen wahren Schrecken ein.«

»Aber es ist doch wunderschön!«, erwiderte Scarlatti und blies die Backen auf.

»Darum geht es nicht«, sagte Don Nicolás. »Obwohl das Schöne bekanntlich nur des Schrecklichen Anfang ist. Ich meine den Schrecken, den mir dieser exaltierte Individualismus einjagt – wie da das Klavier im Alleingang dem gesamten Orchester seinen Rhythmus aufzwingt! Fast zweihundert Jahre geht das jetzt schon so, und die Folgen haben wir immer noch nicht verdaut.« Mit neuerlichem Augenzwinkern fügte er hinzu: »Was ist denn für Sie der Unterschied zwischen Musik und dem Sie umgebenden gewöhnlichen Lärm, Don Otto?«

Nicht weil ich mir gerne selbst beim Reden zuhörte, antwortete ich: »Wenn die Klänge ein Zwischenreich heraufbeschwören, in dem man weder ganz wach ist noch schläft, diesen magischen Zustand nenne ich Musik.«

Don Nicolás erwiderte spitz: »Und woher wissen Sie, dass dieser Halbschlaf keine bloße Einbildung ist?«

Ich zögerte einen Augenblick – wenn man Scarlattis Gesicht sah, konnte man meinen, es seien Stunden –, gab den Hieb dann jedoch zurück: »Die Imagination ist der genaueste aller Sinne, der Ort, an dem die Wirklichkeit ihre Erfüllung findet.«

Don Nicolás nickte: »Der Klang der Musik scheint mir so trivial, dass mich darüber die Verzweiflung packt. Was Sie als erhebend empfinden, stürzt mich in tiefe Depression. Natürlich wissen Sie viel mehr über Musik als ich, aber ist ein Kilo Blau etwa blauer als ein halbes Kilo? Für die Musik gilt das Gleiche wie für das Leben insgesamt: Wer etwas davon weiß, was für Kräfte da aufeinandertreffen können, hält sich lieber zurück. Was Sie empfinden, wenn ein Fenster zu Bruch geht, genau das erlebe ich, wenn Musik erklingt! Ich leide mit dem Untergang der Stille, und noch schlimmer ist es, wenn anschließend der dreiste Rächer ihren Platz einnimmt, der Lärm«, sagte er und sah uns an, indes Scarlatti verwundert die Brauen in die Höhe zog.

Ich konnte Don Nicolás' Empfindungen nachvollziehen, auch wenn mir die Stille – ohne Instrumente – nur schwer erträglich ist, gerade weil in ihr ein Klang zum Ausdruck kommen will, aber nicht kann.

Scarlatti sah mich erneut ratlos an, und ich fragte Don Nicolás: »Kennen Sie noch mehr melophobe Menschen?«

»Kaum, wir wollen ja nichts als Stille, dafür braucht es keine Gruppen.« Da kam ich mir vor wie ein Missklang, der die kosmische Ordnung stört.

Scarlatti fand mittlerweile offenbar ebenfalls Gefallen daran, für Einigkeit auch im Streit zu sorgen, denn er sagte versöhnlich: »Die vibrierenden Klänge sind Kräfte, bei deren Aussetzen die kosmische Schöpfung, die auf ihnen beruht, in sich zusammenstürzen könnte.«

Worauf Don Nicolás erwiderte: »Gottes Stimme, im Koran wie in der Bibel, ist so empfindsam wie die Stille, die die Abgründe in sich birgt.« Und wie zur Entschuldigung die Arme ausbreitend, fügte er hinzu: »Bemühen Sie sich nicht, meine seltsamen Ansichten zu verstehen. Verstehen heißt schließlich nichts anderes als eine Erklärung finden, die für eine einzige Instanz Gültigkeit besitzt. Zum Glück für diesen Laden ist diese Instanz in meinem Fall das Vergessen, das über keine Worte verfügt. Jetzt muss ich aber gehen. Eines Tages komme ich wieder, dann können wir uns darüber unterhalten, wie all das zusammenhängt. Ich hätte da so eine Theorie.«

Als er sich verabschiedet hatte, blieben Scarlatti und ich in Gesellschaft der erhabenen

Harmonien Beethovens zurück, der, obgleich taub, uns in seinen Klängen eine Liebe hinterlassen hat, die gehört werden will.

Händel

Sich erinnern heißt einen bereits begangenen Weg erneut abschreiten, aber unter verändertem Blickwinkel. So gelang es mir auch, das Rätsel der keuschen Susana auf neue Art und Weise ins Auge zu fassen, freilich ohne dass ich deshalb den Ausgang der Geschichte vorhergesehen hätte.

Einmal im Jahr, immer am Johannistag, kam sie in die Musikalienhandlung, mit einem Gesicht wie von einer klassischen Belle-Époque-Kamee und mehr als einem halben Jahrhundert Alleinsein auf dem Buckel. Warum sie immer genau zum gleichen Datum erschien, fragte ich nicht, manche Erklärungen sind allzu schmerzhaft, außerdem fiel es mir zu spät auf. Was mich darauf brachte, war mein Geruchssinn, ist er doch der Gaumen der Erinnerung. Susana hinterließ einen diskreten Duft nach Chanel No.5, der mehr verbirgt, als er enthüllen könnte, doch reichte es, um mir bewusst zu machen, dass es im Jahr davor genau so gewesen war – oder wie es unser Dichter Silva einst beschrieb: »Der vage Duft vergessener Aromen drang geisterhaft heran und sprach vom Gestern.«

Sie wollte Händels *The Harmonious Blacksmith* hören. Wir legten ihr die mustergültige Einspielung der großen Pianistin Alicia de Larrocha auf.

Sie lauschte gravitätisch wie ein Mädchen, das in stillem Ernst mit seinen Puppen spielt, aber obwohl sich das Ritual sechs Jahre lang wiederholte, ging sie nie so weit, die Aufnahme zu kaufen. Anschließend unterhielt sie sich jedes Mal mit Adela, verteidigte ungefragt das Ideal makelloser Keuschheit und verließ darauf den Laden. Als sich der Vorgang zum sechsten

Male völlig unverändert jährte, brachte sie, offenkundig berührt von der sanften Anmutung des glücklich seiner Arbeit nachgehenden Schmiedes, einmal mehr das Gespräch auf jenes Thema, befragte nun jedoch auch mich nach meiner Meinung.

Da ich andere nicht danach beurteile, wie häufig sie etwas tun – oder auch nicht –, beglückwünschte ich sie umstandslos zu ihrer Haltung, denn nichts fürchte ich mehr als den Wahn von Leuten, die ihren Argumenten mit einem Stein in der Hand Nachdruck verleihen wollen.

Ich fügte aber hinzu, dass Beethoven zeitlebens unverheiratet geblieben sei, ja, dass manche sagten, er habe nie die Liebe einer Frau kennengelernt. Seine unsterblichen Geliebten seien nichts als platonische Gebilde gewesen.

Susana fühlte sich hierdurch bestätigt und setzte zu einer ausführlichen Rede an: »Die Familie ist ein Bus, den wir durch bloßen Zufall besteigen. Die, die vor uns eingestiegen sind, haben die besten Plätze besetzt und zeigen uns Nachzüglern eine lange Nase. Der Fahrer weiß nicht, wo es hingehen soll, und hat dabei ebenso viel Angst, vom Weg abzukommen, wie das Ziel zu erreichen. In seiner Sorge um das Schicksal der ihm anvertrauten Passagiere merkt er zu spät, dass er keineswegs der Antrieb ihres Lebens ist, sondern bloß ihr Gefährt. Und dass die Strecke nicht nur ein ständiges Auf und Ab ist, sondern auch voller Unwägbarkeiten und obendrein auf keiner Karte zu finden. Auch wenn die Möglichkeit besteht, an einer Haltestelle auszusteigen, bevor einem die Beklemmung endgültig die Brust zuschnürt, ist es doch besser, den Blick zum Horizont zu richten und alte Lieder anzustimmen, um die Reise nicht in völliger Einsamkeit zurückzulegen. Und aus den Steinen, die die anderen auf uns schmeißen, errichten wir, sofern wir klug sind, unser eigenes Haus.« Während sie all dies von sich gab, starrte sie wie abwesend vor sich hin.

Alicia de Larrocha ließ derweil Mozarts munteres *Rondo alla turca* erklingen, doch Susana wollte mehr von Händel. Wir legten seinen *Messiah* für sie auf, und zwar in der schnörkellosen Einspielung von Christopher Hogwood, dargeboten auf historischen Instrumenten. Ich erwähnte, dass Händel angeblich einst, vor Fieber glühend, in himmlischer Entrückung einen Engelschor vernommen habe, und mit dessen keineswegs gering zu schätzender Hilfe habe er sodann den *Messiah* zu Papier gebracht, der Beethovens Bewunderung erregte. Die keusche Susana sagte dazu, ohne Hilfe von oben laufe der sexuell Enthaltsame Gefahr, ein Opfer seiner Keimdrüsen zu werden und im Krieg der Geschlechter den eigenen Ansprüchen nicht zu genügen. Was aber immer noch besser sei, fügte sie hinzu, als auf das Niveau der heutigen Gesellschaft hinabzusinken, die nichts sei als ein wilder Taumel bewusstloser Spermien.

Als ich hierauf das Thema wechseln wollte und die Rede auf Händels Zeitgenossen Kant brachte, war sie diejenige, die an seine Forderung erinnerte: »Handle so, dass die Maxime deines Willens jederzeit zugleich als Prinzip einer allgemeinen Gesetzgebung gelten könne.«

»Wenn alle dem folgten«, sagte sie dazu,

»würde meine Enthaltsamkeit das Ende der Menschheit herbeiführen.« Worauf sie Kant einen »moralischen Meuchelmörder« nannte.

Nachdem sie den berühmten Philosophen auf diese Weise widerlegt hatte, kehrte sie nie mehr zurück, doch immer zu Johanni muss ich der Kinder, Händels und Chanels wegen an sie denken.

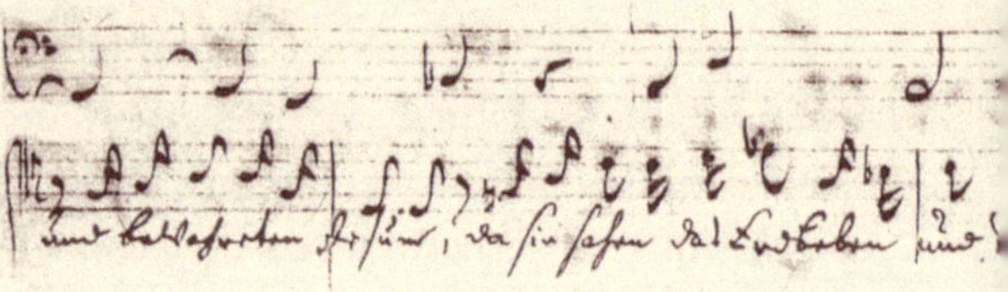

Johann Sebastian Bach

Ohne die fröhlichen Chöre des *Cum Sancto Spiritu* von Bachs h-Moll-Messe stünde es traurig um dieses alte Geschäft, das, nicht anders als Quevedos Träume, stets Bühne wie Hörsaal meiner Fantasien gewesen ist.

Alí und Samuel betraten den Musikladen beinahe Hand in Hand. Ersterer der begüterte Sohn einer syrisch-libanesischen Familie, der andere jüdischer Herkunft. Beim Studium der Politikwissenschaft hatten die zwei einander kennengelernt. Sie lebten ihr Idyll stolz vor aller Augen, um zu beweisen, dass ein friedliches Auskommen beider Völker sehr wohl möglich ist. Bedauerlicherweise entging ihren Eltern die internationale Dimension der Angelegenheit, und so hatten sie jeden Kontakt zu ihren Söhnen abgebrochen.

Die Chöre verbanden sich nun und forderten uns auf, ihnen in eine Welt zu folgen, die näher am Herzen der Dinge liegt – Bachs Methode, den Schmerz darüber aufzuheben, dass er zwölf seiner zahlreichen Kinder eines nach dem anderen sterben sehen musste. Wofür der Himmel seine Kunst um den Balsam bereicherte, der einen dafür entschädigt, dass man lernt, Narben anzusammeln.

Alí hatte ein Buch von Bertrand Russell dabei. »Darin vertritt er die Meinung, die Religionen hätten der Menschheit nichts gegeben«, erklärte Alí.

»War er Autist?«, fragte Samuel scherzend, um sogleich hinzuzufügen, Tschaikowski habe auf sein Leben verzichtet, um einem Prozess wegen seiner Affäre mit einem jungen Adligen aus dem Zarenhaus zu entgehen. Freunde hätten ihm Gift besorgt, damit er sich keinem Skandal auszusetzen brauchte. Wir schwiegen.

Alí zählte verschiedene berühmte Homosexuelle aus früheren Jahrhunderten auf, so als wollte er sich rechtfertigen, und sagte abschließend, es gebe keinen Unterschied zwischen schwuler und nicht schwuler Ästhetik.

Samuel erwiderte: »Was die Musik angeht, stimmt das vielleicht, aber bei der Einrichtung unserer Wohnräume legen wir viel mehr Wert darauf, dass alles geschmackvoll zusammenpasst, als die Nichtschwulen. Dass sich womöglich auch kleine Kinder durch diese Räume bewegen, ja darin spielen wollen, daran denken wir freilich nicht. In dieser Hinsicht sind wir wenig einfallsreich.«

Ich fragte, womit ich zu Diensten sein könne. Sie wollten etwas Lustiges für die Zeitschrift ihrer Fakultät schreiben, die für gewöhnlich furchtbar steif und ernst daherkomme. Ihrer Ansicht nach bedienten sich die Akademiker einer Geheimsprache, um ihr Revier abzugrenzen, nicht anders als manche Jugendbanden. Auf diese Weise wüssten sie immer genau, wer dazugehört und wer nicht, und wer sich nicht an den gerade vorgeschriebenen Jargon halte, werde umgehend aus dem Viertel vertrieben.

Von dieser Zwangsjacke wollten sie sich befreien.

Ich sagte, es sei einfacher, etwas Tiefschürfendes zu verfassen, als einen Beitrag zu liefern, der auf intelligente Weise humorvoll ist. Sie sahen sich an. Alí meinte: »Russell sagt, mit der Erfindung der Sünde tötet das Christentum den Humor und die Lust.«

»Die Sünde gibt es schon länger«, erwiderte ich, »der Beitrag des Christentums besteht im seltsamen Sakrament der Vergebung.«

»Reden wir lieber über Politik.« Samuel hatte recht.

Darauf bemühte ich mich, ihnen Bach mit Worten nahezubringen, was ungefähr so ist, als wollte man den Klang einer Träne zeichnen. Schließlich lernt man Musik nicht – in Musik wird man eingeweiht.

Doch das Scheitern meiner Erklärungsversuche war nicht vergebens: Stattdessen trug ich ihnen nun aus der Erinnerung eine Reihe von Stichpunkten vor, die ich mir gelegentlich zum Thema »Ein Mann und zwei Kühe« gemacht hatte.

Lachend machten sie sich an deren Ausarbeitung. Als die von dem Lutheraner Bach verfasste katholische Messe beim *Dona nobis pacem* ankam, musste ich lächelnd daran denken, dass die Katholiken Bach für seine *Messen* bezahlten, die Protestanten dagegen für seine *Passionen*.

Als die Messe nun daran ging, uns die Gottheit zu verflüssigen und – als ob das nötig wäre – den Beweis zu erbringen, dass die Seele belohnt wird, die sich nichts vormacht, wenn sie sich in stiller Versenkung übt, waren die beiden weiter mit ihrer Aufgabe beschäftigt. Als der Artikel fertig war, lasen wir ihn uns gegenseitig vor; ich erinnere mich nur noch an die folgenden Variationen: Jemand besitzt zwei Kühe. Im Kapitalismus verkauft er eine der beiden und kauft dafür einen Stier.

Im Kommunismus sowjetischer Prägung hat er zwei Kühe, die er versorgen muss, und die Milch geht an die Regierung.

Im Faschismus konfisziert die Regierung beide Kühe, stellt ihn an, um die Tiere zu versorgen, und verkauft ihm die Milch.

In der Demokratie hat er zwei Kühe, und die Nachbarn entscheiden darüber, wer die Milch bekommt.

Während wir noch darüber lachten, wies ich sie darauf hin, dass es längst ganz anders ist, denn überall auf der Welt trinkt man heute homogenisierte Milch und lebt in einem Kapitalismus mit Sozialversicherungen. Das würden sie mit dazuschreiben, meinten sie, um die ganze Milchtheorie ordentlich zu verwässern. Und fort waren sie.

Prokofjew

Die Glocken der alten Kirche Nuestra Señora de Lourdes läuteten als Morgengabe. Während ich, unterwegs zum Geschäft, den Platz überquerte, sah ich, dass man dabei war, Doña Clara, verwitwete Mejía, aus ihrer Wohnung zu werfen. Neben ihr standen Hand in Hand ihre wunderschönen Zwillingstöchter und sahen in kindlicher Unbefangenheit zu, wie man ihre Sachen auf die Straße hinausschleppte.

Ich befragte den ebenfalls anwesenden Anwalt, in wessen Auftrag er hier tätig sei. Er antwortete, er vertrete die Interessen der sozialen

Wohnbaugesellschaft Corporación Termita der Jesuiten.

»Die metaphysische Vorhut der katholischen Kirche?«, fragte ich ungläubig und sah ihm in die Augen. Er zog sich gleichgültig auf die Seite der in der Nähe stehenden Polizisten zurück und kehrte uns voller Verachtung den Rücken zu.

Ich gab der Witwe meinen Garagenschlüssel, damit sie die paar Sachen unterstellen konnte, die ihr geblieben waren, und nahm die Mädchen mit in den Musikladen. In meinem Inneren tobte indes ein Kampf zwischen meinem Zorn und dem Wunsch, zu vermitteln. Im Geschäft bewirtete Adela die Kleinen mit Kaffee und Kuchen, Carolina und Diana feierten an diesem Tag ihren Geburtstag.

Wir legten Prokofjews *Peter und der Wolf* für sie auf, mit José Carreras als Erzähler. Ich musste daran denken, wie empört Prokofjew war, als er davon erfuhr, dass ein Obsthändler aus Florida mithilfe seiner Oper *Die Liebe zu den drei Orangen* seinen Absatz steigern wollte. Währenddessen watschelte Diana wie eine

Ente, als die melancholische Oboe zu hören war, und Carolina erklärte stolz, sie sei schon groß. Sie hielt mir die ausgebreitete Hand entgegen: fünf Finger, so alt wurde sie heute, und deswegen hatte sie auch keine Angst vor dem bösen Wolf mehr. Adela schenkte ihnen Wachsmalkreiden.

Während die verschiedenen Instrumente des Orchesters den Streit zwischen den Tieren und Peterchens Mut zum Erklingen brachten, stellte ich mich an die Kasse und überschlug die Kosten der nächsten Auslandsbestellung. Da überfiel mich jäh die Erinnerung an den Traum, der mich in der Nacht heimgesucht hatte: Ich stand vor der Kassiererin des Supermarkts, in dem ich für gewöhnlich einkaufe, und sie verkündete drohend auf Englisch: *You have been found wanting* – Wir haben Sie ertappt, schon wieder schulden Sie uns Geld! Da kehrte ich bedrückt in die Wirklichkeit jener anderen Schulden zurück. Prokofjew, sagte ich mir, machte zu Lebzeiten Stalin für die Lage im Land verantwortlich. In einer kapitalistischen Demokratie dagegen ist das Leiden so schwer zu ertragen, weil seine Ursache als kalte Abstraktion daherkommt.

Bald darauf erschien die einsame Mutter der Zwillinge. Lächelnd, um nicht zu weinen, nahm sie das Stück von der Geburtstagstorte an, das wir ihr anboten. Sie spülte es mit kräftigen Schlucken von ihrem Kaffee hinunter, da es ihr offensichtlich die Kehle zuschnürte. Beide Mädchen hatten ein Haus mit Schornstein, Blumen und einem Wolf für sie gemalt.

Gefasst rief die Witwe in ihrer Arbeit an, um sich für diesen Tag zu entschuldigen. Ich übergab ihr ein dringliches Empfehlungsschreiben an einen Salesianer-Priester, Mitglied der im Verschwinden begriffenen Sekte der wahren Christen. Ich weiß, dass sie dort Aufnahme fanden. Wie ich auch weiß, dass ich nichts weiter zu dieser Geschichte sagen möchte.

Mozart

Die leicht nostalgische Nachmittagsstimmung rief mir einen Vers ins Gedächtnis: *Es stand in Campo Viejo einst der König Aragoniens, sah übers Meer Hispaniens, wie's schwand und wuchs in einem fort.*

Der Musikladen erbebte unter den Klängen von Mozarts Klavierkonzert Nr. 20, Köchelverzeichnis 466, in dem er mit Oboe, Horn, Pauke, Trompete und Fagott die düsteren Bezirke der Ewigkeit umkreist, als wollte er sich allen Schrecken jener Region zum Kampf stellen. Da kam ein junger Mann mit Vollbart und Lederjacke in den Laden, unterm Arm drei

Bücher. Er fragte nach Doktor Otto Roldán – schon seit Jahren hatte ich den Titel nicht mehr zu hören bekommen!

Ich ordnete ihn dem Typus »Sonnenmensch« zu, sagte mir aber, dass sich die feineren Abstufungen im Dämmerlicht besser unterscheiden lassen. Er wirkte offen, unverstellt, spontan, kurz: recht urwüchsig – innerhalb nur einer Generation Bildung zu erlangen, ist möglich, schon schwieriger ist es, ebenso schnell auch seine Umgangsformen zu verfeinern.

Er wollte wissen, ob ich Doktor Ramón kenne, Professor an der Universidad Nacional, der seine Abschlussarbeit kenne. Als ich bejahte, zog er einen einschüchternden Fragebogen aus der Jackentasche.

Adela, stets aufmerksam, nahm sich der übrigen Kundschaft an, und ich kehrte zu meiner früheren Beschäftigung zurück, von der es in der Bibel heißt: »Nicht nur um meiner selbst willen habe ich mich bemüht, sondern für alle, die nach Unterweisung streben.«

Um sich einzuschmeicheln, sagte der junge Mann, Schopenhauer habe die Ansicht vertreten, auf Geschäfte seien wir alle aus, doch nur der Kaufmann sei auch so ehrlich, dies offen zuzugeben. Danach verkündete er, die Behauptung vom Ende der Geschichte sei ein typisch europäischer Schwindel, der zu der ethnozentrischen Obsession passe, einen Kontinent als Letzter betreten zu haben und trotzdem behaupten zu wollen, man habe ihn entdeckt. Und obwohl Hegel es selbstgefällig für erwiesen angesehen habe, dass wir, die Bewohner Amerikas, über keine Geschichte verfügten, redeten seine Nachfolger auf einmal von deren Ende.

»Ärgerlicherweise kann man deshalb zu dem Schluss kommen, dass es uns, die wahren Amerikaner, nicht nur nie gegeben hat, sondern auch niemals mehr geben wird. Was meinen Sie dazu?«

Ich antwortete lächelnd: »Ich denke schon, dass es uns gibt, aber da sollte man besser nicht dogmatisch sein.« Mit dem ersten Satz beendete Mozart tief erschrocken seinen Besuch auf der anderen Seite des Horizonts. Während der sich anschließenden *Romance* hatte ich den

Eindruck, das Klavier weine untröstlich über den Schwindel, der ihn in dem jenseitigen Reich erfasst hatte, bis die Geigen ihm schließlich in seinem Kummer Beistand leisteten.

Unglücklicherweise fiel da der Blick des jungen Mannes auf die Reproduktion von Andrei Rubljows Dreifaltigkeitsikone, die mich zeitlebens begleitet hat. »Die Gottheit ist eine Erfindung, die dem Menschen verdächtig ähnlich sieht. Glaubten die Stiere an Gott, würden sie ihn mit Hörnern darstellen«, verkündete er, während er irritiert das Bild betrachtete.

Da Artur Schnabel mit dem abschließenden Rondo begann, fasste ich mich kurz: »Gott ist keine Erfindung, sondern eine Entdeckung. An Ihn glauben, heißt, eine geistige Synthese vollziehen, deren Ursprung unerreichbar ist.« Dann zitierte ich den polnischen Dichter Jan Twardowski:

Oh Herr, hätten wir Dich erfunden, / wärst Du nachsichtiger und gefügiger … / ein Freidenker und Liberaler; / unsere Ethik verfügte über ein Gefühl für Schuld / doch nicht über eines für Sünde … / Hätten wir Dich erfunden, wärst Du nicht in Bethlehem geboren, / sondern in einer Universitätsstadt, / und dann wärst Du tatsächlich / ein unerträglicher Gott.

Der junge Mann blies mächtig die Backen auf, bevor er antwortete: »Und wie erklären Sie die Existenz des Bösen im Universum, wo es doch einen allmächtigen und gütigen Gott gibt?«

Artur Schnabel hatte glorreich die *Romance* absolviert, worauf die Geigen das Orchester gleich einer wohltuenden Welle harmonisch davontrugen, und ich sah mich außerstande, Gott zu verurteilen oder freizusprechen. Ich erinnerte den jungen Mann an die Fabel von dem Gerechten, der, als er sterben soll, Gott fragt, warum er nichts für die leidende Menschheit tue. Darauf Gott: »Aber ich habe doch *dich* zu den Menschen geschickt!«

Vom Schmerz der Geigen unberührt, dafür jedoch in seiner Skepsis verletzt, erwiderte der junge Mann: »Das heißt also, Sie leben, wie es Ihnen Ihr Glaube vorschreibt?«

Ich begriff, dass der Ungläubige nicht weiß, wie man glaubt, während der Gläubige sehr wohl weiß, wie man zweifelt. Worauf ich ihm den Vers des liebenden und für seine Liebe bestraften Abälard an Christus vortrug:

Sumus quidem peccatores sed te tanem non negantes. – Sünder sind wir gewiss, doch wir leugnen Dich nicht, oh Herr.

Wo er schon Mozarts Zeugnis nicht hören wollte, wie sollte er da auf irgendetwas anderes hören wollen? Was dennoch verwundert, haben doch junge Leute für die Musik ein offenes Ohr wie später nie wieder für egal welche Art von akustischer Äußerung.

Begeistert, aber wehrlos angesichts des Nichts, das sich in Bewegung gesetzt hatte, verglich er den Glauben mit einer Zwangsneurose, die es nicht zu widerlegen, sondern zu heilen gelte. Mozart zog währenddessen nach seinem gefährlichen Abenteuer weise und leichtfüßig neue Kraft aus der Erinnerung an den Glanz der Zeiten hoffnungsfroher Gewissheit.

Nach einer Vielzahl von Zitaten, Namen und Verweisen auf berühmte Werke in einem wissenschaftlichen Jargon, der das zugrunde liegende Problem rettungslos erstickte, verabschiedete der junge Mann sich so plötzlich, wie er erschienen war, und ließ mich mit einem Gefühl von Unwirklichkeit zurück – so als gäbe es mich gar nicht.

Opus 70 Nr. 1 »Geistertrio«

Ich habe große Achtung vor den Träumen, in denen wir durch die Nacht reisen, schließlich war auch der Musikladen zunächst der Traum von einem Ort, der aus Liebe zur Harmonie alle Widrigkeiten übersteht.

Es war schon spät. Ich war allein. Mir träumte, ein kräftiger Mann habe das Geschäft betreten. Mit herrischer Geste verlangte er Beethovens Trio Nr. 1 für Geige, Violoncello und Klavier.

Als ich jedoch zum Eingang blickte, stellte ich fest, dass sich die Tür in keinem Augenblick geöffnet hatte.

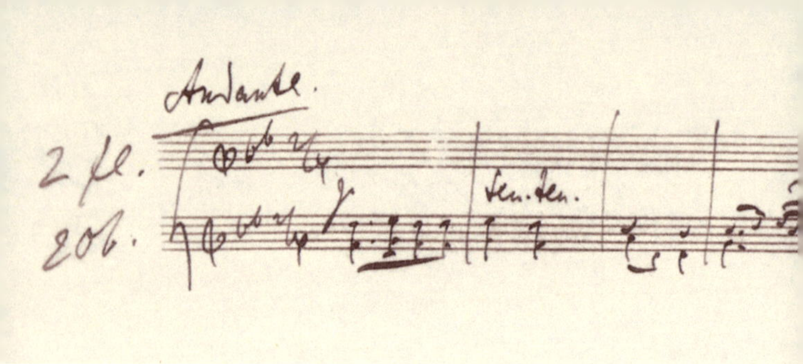

Brahms

Während Bogotá wie immer von seinen Hügeln träumte, dachte ich, als ich eines Nachmittags Musik von Copland hörte, über die verschiedenen Arten von Stille in der Musik nach. Sie kann bedrohlich sein, wohltuend, klingend. Auch wir Menschen schleppen ein unhörbares Gemurmel mit uns herum: das vielfarbige Schillern einer Geste, die wortlos ins Leere geht, das Schweigen der Verzweiflung, das köstliche geheime Einverständnis, das alles Reden überflüssig macht, ja das Leben selbst, diese kurze Bewegung zwischen zwei langen Zeiten des Schweigens.

Da kam Carlos E. herein, gleichsam die Verkörperung einer heideggerschen Etymologie. Wie immer nachlässig gekleidet, strahlte er Losgelöstheit, Nichtzugehörigkeit, Außenseitertum aus.

Das Geschäft erfüllten derweil, ich erinnere mich noch genau, die Klänge des Balletts *Billy the Kid*, benannt nach dem wilden Helden aus dem Wilden Westen, der einst gestand, einundzwanzig Menschen getötet zu haben, Mexikaner nicht eingerechnet.

Carlos E. verwahrte ein halbes Jahrhundert zwischen Brust und Rücken. Er war Mathematiker von Beruf, hatte mehrere gescheiterte Ehen hinter sich, war hochintelligent – solange es um die Welt als Wille und Vorstellung ging, denn er hatte die Angewohnheit, hartnäckig parallel neben der Wirklichkeit einherzufahren, ohne je vom einmal eingeschlagenen Kurs abzuweichen, fest hinter seinen Argumenten verschanzt.

Manche Leute fordern einen geradezu auf, sich neue Kategorien auszudenken, mit denen man sie erfassen kann, denn die geläufigen reichen ganz offensichtlich für sie nicht aus. Mir war, als lebte er in einer Traumwelt, die zwar nicht zur Wirklichkeit gehörte und dennoch stellvertretend auf sie einwirkte. Oder als wäre er eine Romanfigur, die an ihrer Nichtwirklichkeit litt und alle Mitmenschen an ihrem fiktiven Universum teilhaben ließ. Oder ein Schauspieler, der eine Rolle verkörpern wollte, die der Autor gar nicht vorgesehen hatte: Was auch immer er von nun an auf der Bühne tut, geht an der Handlung des Stückes vorbei, er ist und bleibt ein Fremdkörper, und genau so erlebt ihn auch das Publikum.

Selbstverständlich erfuhr dieser liebenswerte Freund nicht wenig Gegenwind – wie es in der schönen Beschreibung in Händels *Messiah* heißt: *A man of sorrows and acquainted with grief* (oder wie bei Jesaja, 53, 3, geschrieben steht: *der Allerverachtetste und Unwerteste, voller Schmerzen und Krankheit*). Doch solche religiösen Sinngebungen, die seinem ganzen Erdenwandel Logik und Bedeutung verliehen und ihm obendrein alle Freiheiten gelassen hätten, wies er von sich und beharrte auf seinem Unglauben.

Seit ich ihn kannte, hatte ich mir seine jeweils gültige Telefonnummer aufgeschrieben, achtzehn verschiedene Nummern, und unter keiner hatte ich ihn jemals erreicht.

Während andere Genies die Fähigkeit haben, sich in ein und demselben Moment überall aufhalten zu können, verfügte er folglich über deren Gegenteil: Er war imstande, nirgendwo zu sein. Jetzt allerdings stand er vor mir, auf der Suche nach Brahms' *Deutschem Requiem* – übrigens eine von einem Ungläubigen komponierte Messe, was man ihr durchaus anmerken kann.

Er brauche die Einspielung mit dem Philharmonischen Orchester Ljubljana, sagte er auftrumpfend. Was ich dahatte, war, genau passend für ihn, die der Berliner Philharmoniker unter Kempe, mit Abstand die beste Aufnahme, die es gibt. Insgeheim freute ich mich schon, ihm diesen kleinen Gefallen erweisen zu können. Doch er, seinem Schicksal treu, wies mein Angebot zurück – manchmal fällt jedes noch so gut gemeinte Argument auf unfruchtbaren Boden.

Da ich das Rechthaben lieber in aller Stille genieße, statt zu beweisen, dass ich es besser weiß, ließ ich ihm aus dem Lager holen, wonach er verlangte. Er äußerte nun, ein Kritiker betrachte Brahms, mit seinen so fest umrissenen Vorstellungen, als einen verspäteten Beethoven, schließlich bleibe nach zu langem Abwägen nur noch des Gedankens Blässe übrig. Beethoven dagegen vereine alles in sich, was es je gegeben oder auch nicht gegeben habe.

Er schien zufrieden mit seiner Erwerbung und wollte sich schon aus dem Staub machen, da gab er zu, dass diese Messe seinen Geist erhebe. Ja, das musste wohl stimmen: Er hütet schon seit so langer Zeit die Flamme eines heiligen Streites, dass er zum zuverlässigen Vermittler der Gottheit geworden ist, an die er nicht glaubt. *Wie die tönende Stille.*

Adagio und Lumen

Im Schweigen entdecken wir uns selbst, sagte ich mir, während ich Tommaso Albinonis berühmtem *Adagio* lauschte, das ruhevoll, sanft und gemächlich dahinläuft, allerdings zu langsam für eine wirklich heftige Gefühlsaufwallung – so stirbt das Herz nie, wenn doch eigentlich der richtige Moment dafür wäre.

Zwischen seinen Klängen flogen, Schwalben gleich, meine Gedanken umher, beschäftigt mit meinen Angestellten und den Rollen, die sie im Schauspiel des Lebens übernehmen.

Da war Don José, der kräftige Wachmann, mit zahlreicher Nachkommenschaft gesegnet –

wild an ihm ist einzig und allein sein dichter Schnauzbart. Adela, die alte Junggesellin mit dem sanften Wesen. Sergio, mein verschwiegener Gehilfe, der mich vertritt, wenn ich einmal fort muss. Auch wenn ich einst mein ganzes Kapital in das Unternehmen steckte und alle Risiken auf mich nahm, die sich irgendwann daraus ergeben könnten, leisten sie doch ihrerseits einen wesentlichen Beitrag: Sie bürgen mit dem, was sie sind.

An diesem schönen Vormittag also erschien, begleitet von ihrem Sohn, eine Dame im Geschäft und fragte, was das für eine Musik sei, die da gerade erklinge. Adela gab ihr die Einspielung mit Karajan, und angesichts des wild umherspringenden Knaben erinnerte ich mich an den Satz: *Ein Kind ist sichtbar gewordene Liebe.*

Derweil sah ich die Rechnungen durch, die nicht aufgingen, die nie aufgehen wollen. Im Hintergrund des Ladens hörte ich ein Lachen. Es stammte von dem Schriftsteller Rebetez, der sein Haar nach Piratenart hinten zusammengebunden hatte. Er feierte eine witzige Bemerkung von Mauricio Botero, dem Autor eines Buches mit dem Titel *Konkav und konvex*, in dem es an einer Stelle heißt: »Gott mag mich, weil ich Ihm Witze erzähle, die Er noch nicht kannte.« Die beiden machten den Eindruck von zwei Studenten, die sich über Gott und die Welt amüsieren. Rebetez' Humor hatte etwas Orientalisches und zugleich leicht Melancholisches. Boteros Humor wiederum entzündete sich an jeder Art von Wichtigtuerei und wirkte wie eine Nadel, die sich in einen Ballon voll heißer Luft bohrt. Beider Begabung, unpassende Bemerkungen zu machen, war unversehrt, und sie hüteten sie wie ihr wertvollstes Gut, ihr Ein und Alles.

Erfreut begrüßte ich sie, erkennt man seine Heimat doch weniger an einem bestimmten Ort, als an einer bestimmten Art zu lachen. Die beiden diskutierten fröhlich über die Verbindung von musikalischer Spannung und geistiger Erhebung.

Im spannendsten Moment ihrer Unterhaltung stieß die *sichtbar gewordene Liebe* das Regal mit der Elisabethanischen Musik um.

Botero gab dem Vorfall eine elegante Wendung und tröstete das bestürzte Kind mit den Worten: Genau wie einst Queen Elizabeth habe es die katholischen Musiker Dowland, Philips und Deering »vom Sockel gestoßen«.

Seine Mutter gab sich bemüht, den Schaden gutzumachen, krümmte aber keinen Finger, um das Chaos wieder in Ordnung zu bringen. Immerhin verließ sie jedoch mit dem brüllenden und um sich tretenden Kind den Laden, worauf wir mit König Herodes unseren Frieden schlossen.

Um meiner Ungehaltenheit eine andere Richtung zu geben, forderte ich die beiden Schriftsteller auf: »Beschreiben Sie doch einmal musikalisch, wo Sie als akademisch gebildete Menschen Ihre geistige Heimat sehen.«

Rebetez spöttelte grinsend: »*Ach-gehn-Sie-mir* mit den *Ach-ka-demi-kern*.«

»Ich meine«, sagte ich zur Erklärung, »welche Melodie würden Sie als Ihr Glaubensbekenntnis bezeichnen? Na?«

»Schon besser«, erwiderte Rebetez, »denn das, was sich tatsächlich zu wissen lohnt, kann man niemandem beibringen – so begabte Leute wie Fernando Botero oder Gabriel García Márquez haben der Universität kaum etwas zu verdanken.« Außerdem, fügte er hinzu, hätten die jungen Leute, seit es nur noch CDs gibt, keine Ahnung, was das eigentlich ist, eine Schallplatte: eine Rille, die einen mit jeder Umdrehung ins Leben zurückkehren lässt. »Das gelingt uns natürlich nur, wenn wir imstande sind, uns am Ziel die Krone aufzusetzen und das Spiel als Könige fortzusetzen – wie der Bauer beim Schach. Mahler feiert in seiner zweiten Sinfonie diesen Glauben an die ewige Wiederkehr – seine *Auferstehungssinfonie*, das ist mein Stück!«

Botero war kurz verschwunden und kehrte nun mit gregorianischer Musik in der Hand zurück: »*Kruzifiktion!*«, sagte er, »Christus ist erschienen, um uns aus dem labyrinthischen Kreislauf der Tage zu befreien. Wenn Sie erlauben: Auf der Uhr dauert dies hier fünfzehn Sekunden, aber es komprimiert die Ewigkeit zu einem einzigen Augenblick.«

Wir lauschten dem Chor der Abtei Kergonan,

der das nur wenige Takte dauernde *Lumen* intonierte, eine Musik, die emporsteigt und sich in Licht verwandelt. Denn die gregorianischen Gesänge sind Ewigkeit in flüchtiger Erscheinung, und ihre Statik ist nichts als zur Ruhe gekommene Energie.

Rebetez, der nicht umsonst ein Buch mit dem Titel *Odyssee des Lichts* verfasst hat, folgte den Klängen verzückt. Botero schenkte ihm die Platte mit den Worten: »Damit Sie sich hier nie wieder blicken lassen!« Und erneut lachten die zwei. Lachen ohne Ende, dachte ich.

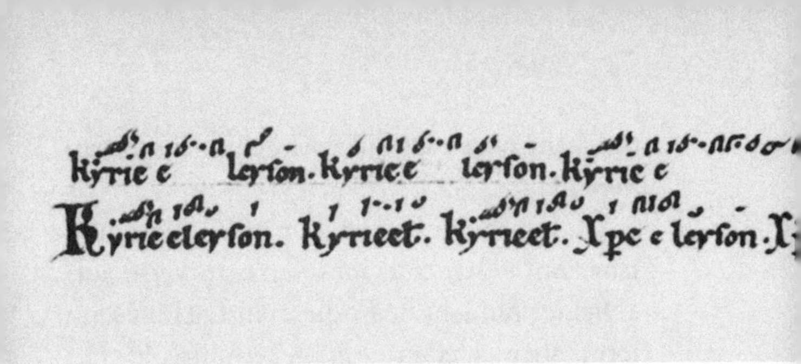

Schola Cantorum Romana

Draußen regnete es, und drinnen erbebte der Musikladen unter den bedrohlichen Klängen des *Dies irae,* welches den unbezweifelbaren Beweis lieferte, dass die menschliche Stimme allen musikalischen Instrumenten als Urbild vorausgeht, so wie das Wort Gottes Anfang und Ende alles Erhabenen in sich schließt.

Da betrat der Dichter Leon de Greiff das Geschäft, Baskenmütze und Bart waren durchnässt.

Mit dem Handtuch, das Adela ihm reichte, trocknete er sich das biblische Prophetengesicht und betrachtete uns dabei mit Augen, die mehr waren als die zwei Sehorgane in seinem Haupt.

Ich lud ihn auf einen Zimtpunsch ein und trug ihm einige von ihm verfasste Verse vor: »Dichter bin ich, heißt dies, ein Dichter sein: fern, abgeschieden und geheimnisvoll. Ein harter Splitter vom Korundenstein, ein düster schimmernd rätselhafter Klang, geborgen aus des tiefsten Meeres Tiefe. Den Geist ins Denken ganz versunken, so steh ich reglos, und doch im Herzen weht ein wilder Wind.«

Das passe doch gar nicht schlecht zur mittelalterlichen Musik im Hintergrund, meinte er dazu und legte angeregt und kein bisschen verdrießlich die Hände um die wärmende Tonschale, während er das Geräusch des ungewöhnlich heftig auf die Kirche Nuestra Señora de Lourdes niederprasselnden Regens genoss. Vom Chorgesang verleitet, sagte er dann: »Hören Sie nur, welch Harmonie! Da bricht sich die klingende Leere an den gotischen Bogen und heilt die Wunden des zerrissenen Herzens.«

Worauf er mir völlig unvermittelt die Pistole

auf die Brust setzte und, als gäbe es sonst nichts Neues auf der Welt, die Frage stellte: »Warum versetzte Dante den heiligen Cölestin in die Hölle? Wenn Sie nicht einmal so viel Bildung besitzen, sind wir geschiedene Leute.«

Zu den Klängen des *Veni Creator Spiritus* antwortete ich: »Als einst die Zeit der Gotik ihrem Ende zuging, war die Kirche bald zwei Jahre lang ohne Oberhaupt. Das Konklave konnte sich auf keinen Papst einigen. Da sandte ein achtzigjähriger Mönch den Kardinälen einen Brief, in dem er schrieb, ihre Unfähigkeit, sich zu entscheiden, sei ein Skandal für die ganze Christenheit. Sie bestellten ihn ein. Und mit den Worten: Kritisieren ist einfach, doch wie viel schwieriger ist die Kunst, bestimmten sie ihn zum Papst und nannten ihn Cölestin V. Folgsam wie er war, gehorchte der heilige Mönch. Als er jedoch feststellen musste, dass zu seinen süßen Verpflichtungen auch Mord und Halsabschneiderei gehörten, trat er nach kurzer Zeit von seinem Amt zurück und verkündete, er sei geboren, um in einer Mönchszelle zu sich selbst zu finden, nicht jedoch, um sich in einem Palast zu verlaufen. Dante wirft ihm ›feiges Zagen‹ vor, wodurch er den Aufstieg des Florenz wie Dante feindlich gesinnten Papstes Bonifaz VIII. zu verantworten habe. Deshalb des Dichters Groll und die Versetzung in die Hölle.«

»Na gut, aber was wurde dann aus Cölestin V.?«, bohrte der Dichter nach, während er genüsslich seinen Punsch schlürfte.

Aus Furcht vor einem Krieg oder schlimmer noch einem Schisma ließ der neue Papst ihn festsetzen. Worauf der Heilige sprach: »Eine Zelle habe ich gewollt, und eine Zelle habe ich bekommen.« Und in einer Zelle ist er zuletzt auch gestorben.

Während weiter der Regen niederströmte, nutzte ich das eintretende Schweigen und die Tatsache, dass wir vom Gesang des römischen Chors ganz mit Geist durchtränkt waren, und stellte die Musik aus – der Dichter wollte sprechen. Begleitet vom Heulen des eisigen Windes im Fenster, erzählte De Greiff nun folgende Geschichte aus seiner Zeit als Sekretär von General Uribe Uribe:

Während des tausendtägigen Krieges gab es in Bogotá einen Verrückten, der sich einbildete, Dante habe sich einst, in der Vergangenheit, unrechtmäßig seine, des Verrückten, große Dichtung vom Leben nach dem Tode angeeignet. Infolgedessen verbrannte er alle Exemplare der *Göttlichen Komödie,* derer er habhaft werden konnte. Er wurde zum Schrecken der Buchhändler. Eines Tages entdeckte er, dass jemand aus seiner Nachbarschaft mit Nachnamen Dantini hieß, welche phonetische Nähe für ihn Grund genug war, den Mann zu seinem Feind zu erklären und aufgrund der Namensverwandtschaft bei der Polizei anzuzeigen. Zugleich reichte er eine komplizierte Klage gegen den echten Dante aus dem 13. Jahrhundert ein, wobei er anführte, die Tatsache, einige Jahrhunderte vor ihm zur Welt gekommen zu sein, gebe diesem Alighieri noch lange nicht das Recht, zukünftige Dichter ihrer Möglichkeiten zu berauben. Insbesondere ihn, dessen einzig vorstellbares Werk mit den Worten beginne: »Mittwegs auf unsres Lebens Reise fand in finstren Waldes Nacht ich mich verschlagen ...« Diese Verse, verfasst von einem Bürger Bogotás, hätten zudem größere Unterstützung seitens unserer so wenig vaterländischen Staatskanzlei verdient, die sich im Gegenteil solch italienischem Raubrittertum gegenüber gleichgültig zeige.

Weshalb er seine Klage schließlich dem italienischen Konsul persönlich zustellen ließ. Der Diplomat machte sich einen Spaß daraus, sein Spiel mitzuspielen, und lud ihn mit seiner ganzen florentinischen Grazie ein, bei ihm zu speisen. Der Verrückte putzte sich heraus, zog sich seine besten Kleider an und begab sich zum Haus des Konsuls. Als sie schon bei Tisch saßen, fragte der Konsul ihn vorsichtig, so als wollte er ein edles Schmuckstück einfassen oder den Wein probieren, ob er wohl viele Freundinnen habe. Innerhalb seines Wahnes völlig schlüssig, wie es oft ist, gestand der Verrückte, von ferne eine junge Dame aus Pereira kennengelernt zu haben, ihr Name sei Beatriz.

Der Konsul ließ den anderen daraufhin – unter Männern – vertraulich wissen, dass es Dante im Purgatorium gelungen sei, den Engel dazu zu bewegen, sechs seiner sieben Todsünden von der Liste zu streichen, über die letzte jedoch habe der Dichter aus Scham nicht zu sprechen gewagt, weshalb der Engel es auch unterlassen habe, mit dieser genauso zu verfahren wie mit den anderen. Nachdem er sich auf diese Art Zugang zum Hinterstübchen des Südamerikaners verschafft hatte, riet der Konsul ihm mit schelmischem Lächeln, sich doch künftig einfach wie der gefeierte Dichter zu nennen, so sei wenigstens, wo er schon nicht alle Exemplare der *Göttlichen Komödie* vernichten könne, aller Welt klar, wem der postume Ruhm hierfür in Wirklichkeit zustehe.

Auf dem Bogotaner Zentralfriedhof, nicht weit von der Kapelle, befindet sich heute ein Grabstein, auf dem unter einem Kreuz zu lesen steht:

Dante Alighieri
1865 – 1921

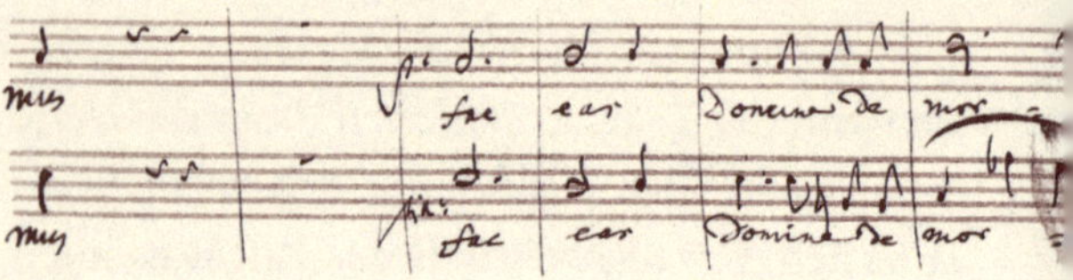

Ave Verum Corpus

Er wirkte einsam, wie viele Großstadtbewohner. Er betrat den Laden, sah sich die Plattenhüllen an, lauschte der Musik, die gerade lief, und ging wortlos wieder fort. An einem Montag, der mir wie ein Freitag vorkam – das sind die schlimmsten –, erklang Mozarts *Ave Verum Corpus,* Köchelverzeichnis 618, gesungen vom Oxforder New College Chor, als er im Laden erschien. Bei diesem Stück erübrigt sich jeder Kommentar. Man braucht bloß zuzuhören, während der Geist, wie ein verliebter Dichter, zu Gott sagt: *Wenn die Höhen unseres Himmels sich vereinen, wird auch mein Haus bedeckt sein.*

Der Mann trat erfreut näher und fragte, ob ich von diesem Komponisten nicht auch die *Freimaurer Kantaten* hätte. Ich führte ihn zu dem Regal mit den Kantaten. Während er sie durchsah, erzählte er, Mozart sei gleichfalls Freimaurer gewesen, und sagte dann zu sich selbst: *Siehe, wie fein und lieblich ist's, dass Brüder einträchtig beieinander wohnen!*

Höflich ignorierte ich die überflüssige Vertraulichkeit. Unbeeindruckt von meiner Zurückhaltung, fuhr er seinerseits fort: »Ich bin schon lange nicht mehr im Logenhaus gewesen.« Und als hätte das etwas damit zu tun, fügte er hinzu, Haydn und vielleicht auch Beethoven seien Katholiken und zugleich Freimaurer gewesen, so stamme ja auch die *Ode An die Freude,* am Ende der neunten Symphonie, von Schiller, dem großen Dichter der Freiheit und Brüderlichkeit.

Nach dem *Ave Verum Corpus,* dessen Ursprung sich letztlich niemand erklären kann, auch wenn es zur besten Tradition gehört, legte ich Mozarts *Einweihungs-Gesänge* für ihn auf. Dann musste ich dem Ruf anderer Kunden folgen, die schon ungeduldig warteten. Doch kaum erklang der hohe Tenor im Lied, Köchelverzeichnis 148, mit den Worten *O heiliges Band der Freundschaft treuer Brüder,* konnte ich sehen, dass der alte Freimaurer vornübergebeugt aufmerksam lauschte, wie ein Kind, das sein Zuhause verloren hat.

Pange lingua, Modus tertius

Auf der Flucht vor einem wieder einmal ungewöhnlich heftigen Regenguss waren mehrere Leute halb erfroren in den Musikladen gekommen. In christlicher Verzückung lauschten die Älteren nun dem *Pange lingua* von Josquin Desprez, indes die Jüngeren sich einfach berieseln ließen. Ganz offensichtlich kam ihnen die geheimnisvolle Wandlung von Brot und Wein in göttliche Substanz nicht weniger exotisch und unzeitgemäß vor als der vor so langer Zeit vom heiligen Thomas von Aquin verfasste lateinische Text.

Die hymnische Feier des Geheimnisses führte

mich an die Schwelle der Region, wo alles Unglück ein Ende hat. Der mittelalterliche Text und die Renaissance-Polyphonie – das Beste beider Welten – verschworen sich mit der Magie der modernen Technik, auf dass mein Ohr zum Altar werde, auf dem die Musik ihre Liturgie zelebrierte.

Mein halb vergessenes Latein reichte noch aus, um die Bedeutung der gesungenen Verse zu entziffern:

In der Nacht beim letzten Mahle / saß er in der Jünger Schar. / Als nach Vorschrift des Gesetzes / nun das Lamm genossen war, / gab mit eigner Hand den Seinen / er sich selbst zur Speise dar. / Und das Wort, das Fleisch geworden, / schafft durch Wort aus Brot und Wein / Fleisch und Blut zur Opferspeise, / sieht es auch der Sinn nicht ein. / Es genügt dem reinen Herzen, / was ihm sagt der Glaub allein.

Das Sakrament der Kommunion rief bei den römischen Kaisern Empörung hervor, worauf sie die Verfolgung der Christen mit der Begründung anordneten, Leute, die, wie die Mitglieder dieser Sekte, ihren eigenen Gott verspeisten, seien zu jedem nur denkbaren Verbrechen imstande.

Mit den Verfolgungen ist es heutzutage vorbei, dafür gibt eine tolerante neuheidnische Gleichgültigkeit den Ton an, die nicht frei von Verachtung ist.

Dieser Cantus – im Modus tertius, dem am stärksten bewegenden von allen – zeugt vom hoffnungsfrohen Glauben an ein Versprechen – während das schöne Beatles-Stück *Help* für unsere Zeit die Klage darüber anstimmt, dass mittlerweile auf der Welt bei allem übertrieben wird, nur nicht bei der Intensität. Was am *Pange lingua* jedoch am meisten überrascht, ist, dass Desprez diese Messe zur Zeit der Herrschaft des lüsternen Borgia-Papstes Alexander VI. komponierte, von dessen Familiennamen die frechen Zungen Italiens den Anfangsbuchstaben vorzugsweise wegließen.

Obwohl sich mehr durchfrorene Spaziergänger als Musikinteressierte im Laden befanden, luden wir unsere Kundschaft zum Kaffee ein. Kaum stimmte der Chor das *Tantum ergo Sacramentum* an, kam ein in allen sieben

Ländern, in denen das berühmte Schauspiel gefeiert wird, bestens bekannter Stierkampfkritiker herein. Sobald dieser Mann die spitze Feder jedoch auf etwas anderes als Stiere und Matadore ansetzte, verlor er jedes Maß und illustrierte dafür aufs Schönste die Beschreibung, die Goethes Mephisto von sich selbst macht: »Ich bin der Geist, der stets verneint! Und das mit Recht, denn alles, was entsteht, ist wert, dass es zugrunde geht.«

Ohne irgendjemanden wahrzunehmen, stürmte er in den Laden, ein Außerirdischer inmitten durchsichtiger Körper. Seinen Bart zwirbelnd steuerte er die Operetten-Abteilung an; dabei wirkte er wie die Karikatur eines Toreros. Die Stimmen aus urferner Zeit riefen mir derweil ins Gedächtnis, dass der Mensch ein flüchtiger Absatz ist, an dessen Ende ein Punkt darum bettelt, verweilen zu dürfen.

Die Linke in der hinteren Jeanstasche, umschritt er das Rund der mit Regalen gefüllten Arena und durchbohrte die Auslage mit dem Blick, als verdiente sie es, dass er die spitzen Banderillas seiner Kritik in sie versenke, wie es seinen müßigen Lesern in ihren Schaukelstühlen immer so gut gefiel. Wer an nichts glaubt, täte gut daran, auch den Glauben an sich selbst aufzugeben, sagte ich zu mir, doch nichts lag unserem bescheidenen Manne ferner.

Den letzten Vers des majestätischen Gesangs konnte ich nicht entschlüsseln. Doch auch so war ich aufgewühlt genug, errichten wir doch unsere innere Heimstatt nicht mit dem Splitter aus dem Auge des anderen, sondern mit den vielen Balken, die wir aus dem eigenen Auge ziehen – im Geiste schloss ich Frieden mit dem Herrn Kritiker. Er ließ sich wiederum von Adela eine Zarzuela-Aufnahme geben, indes der Chor den Beweis dafür antrat, dass die menschliche Stimme das Maß aller musikalischen Dinge ist und der Glaube den, der glaubt, mit Einsicht durchtränkt.

Die eingepackte Erwerbung unterm Arm, verließ unser Kritiker stolzen Schrittes und den Blick starr geradeaus gerichtet den Laden, wie ein Matador, der gerade seine Meisterprüfung abgelegt hat.

Die Klaviersonate Nr. 31

Als Beethoven sich durch die Taubheit gezwungen sah, den Kopf ans Klavier zu legen, um wenigstens die Vibrationen zu spüren, komponierte er die Sonate Nr. 31, die mit dem ganzen Gewicht ihrer Schicksalsergebenheit und Hoffnung den Musikladen erfüllte.

Das *Molto espressivo* hatte just begonnen, da betrat ein »Literat« – wie Oswald Spengler, der treffsichere Prophet des *Untergangs des Abendlandes,* derlei Leute einst abschätzig bezeichnete – das Geschäft. Der Literat hatte etwas mit mir vor: In seiner Schriftstellerwerkstatt hatte man in einer Abstimmung beschlossen, ich – ausgerechnet – solle von meinen »existenziellen«, wie er es nannte, Erfahrungen berichten (es gibt Unwörter, die treibt einem die beste Schreibwerkstatt nicht aus).

Er war einer von den Leuten, die bloß drei Sätze zu sagen brauchen, und schon hat man das Gefühl, sie reden und reden, ohne dass sie irgendetwas auf den Punkt bringen. Während es doch bei der Kunst darum geht, etwas zu erfassen, was sich entzieht, immerzu entzieht …

Wie recht hat doch Augustinus, wenn er im *Gottesstaat* die Götzendiener mit den Worten abkanzelt: »Vergebens bedienen sie sich des Blendwerks, um ihren Märchen und Fabeln Gestalt zu verleihen, und eitle Kunstfertigkeit schätzen sie höher denn die Gewissheit des Wahren.« Und wie sehr trifft all dies auf die »Literaten« zu, sagte ich mir.

Um der lästigen Bitte auszuweichen, gab ich mich ganz jenem Gefühl der Trägheit hin, bei dem man nicht Gefahr läuft, dem anderen übereifrig entgegenzukommen. Spöttisch stimmte ich ein Lob der *Kunst des Streichens und Kürzens* an. Ich pries die moralische Verpflichtung der Verleger und Lektoren, diese reinigende und heilsame Kunst um der geistigen Hygiene willen zu fördern und zu unterstützen.

Darauf quälte er mich mit weitschweifigen Ausführungen über die Vorzüge der Literatur, die dem raschen Klavier-Scherzo Rudolf Buchbinders nicht wiedergutzumachenden Schaden zufügten. Ich sagte, er solle mir »drei notwendige Bücher nennen, aber nicht übertreiben, bitte«. Ich trieb den Spaß allerdings nicht weiter, denn im Hintergrund vernahm ich auf einmal das unterirdische Beben einer Seele, die zusammenbricht, ohne aufzugeben oder die Waffen zu strecken.

Unvermittelt fragte er da: »Warum schreiben Sie nicht?« Ich sagte, das würde ich tun, fände ich keine Musik, durch die ich mich ausgedrückt fühle. Wenn Beethoven das aber bereits gelungen ist, weshalb dann einen Baum opfern, um ihn in ein Buch zu verwandeln? Was bringt es, mit Worten die Welt abzubilden? Kommt es nicht oft genug vor, dass jemandem, der seine Gefühle aufschreibt, diese plötzlich nichts mehr bedeuten?, fragte ich, rhetorisch.

Wer Literatur verfasse, strebe danach, zu überdauern, war seine einfältige Antwort.

Da musste ich an Borges denken: *Das Ziel heißt: vergessen – ich bin schon da.* Aber das hätte bedeutet, Öl ins Feuer zu gießen. Nachdem der Mann mir bereits die Fuge und damit letztlich die ganze Sonate ruiniert hatte, beschloss ich, mich zu rächen. Ich sagte, schon das erste bekannte Buch, das vor ungefähr fünftausend Jahren in sumerischer Sprache verfasste Gilgamesch-Epos, verkünde diese Botschaft:

Die großen Götter kamen zusammen und beschlossen, es solle Leben und Tod geben. Für die Dauer des Todes nannten sie keine Zahl, doch sie bezeichneten die Tage des Lebens.

Wer kenne heute noch den Namen des Verfassers des Gilgamesch-Epos? Oder, noch schlimmer, wer wisse noch, wie der geniale Priester hieß, der eines Tages die Schrift erfand? Nein, das Vergessen kenne keine Worte. Wer nach derlei Unsterblichkeit strebe, habe die falsche Religion gewählt. Ich für meinen Fall wolle, dass auf meinem Grabstein geschrieben stehe: *Entschuldigen Sie, dass ich nicht aufstehe.*

Unverdrossen notierte er meine Worte begeistert in einem Heft.

Ich fügte hinzu, indem es die Verwüstungen in seinem Inneren nicht bemerke, ruiniere unser Jahrhundert das Leben auf diesem Planeten.

Weil er offensichtlich durch nichts zu entmutigen war, setzte ich noch eins drauf und erklärte, im Leben seien Zwang und strenge Regeln so notwendig wie die Grammatik in der Literatur, wolle man nicht bei bloßem Gegrunze und Geschrei enden. Und ich lobte die zögerliche Haltung der Scholastiker, wenn es ums Publizieren ging: die erste Hürde, die zu bewältigen war, hieß *Nihil obstat* – gewissermaßen die ärztliche Gesundheitsbescheinigung; dann folgte das *Imprimi potest,* was der Freigabe durch den Verlagslektor gleichkam; und erst danach wurde das *Imprimatur* gewährt, die Druckerlaubnis. Heute dagegen gebe es Leute, die in große Aufregung gerieten, sobald sie nur einmal etwas verstehen, worauf sie sogleich ein Buch veröffentlichten, bloß damit sich anschließend herausstelle, dass alles falscher Alarm gewesen sei …

Ich machte den Vorschlag, Werkstätten abzuhalten, in denen die Kunst des Schweigens gelehrt wird, um den Wert der Worte wiederzugewinnen. Und ich behauptete, die Literatur sei tot, denn heute kämen so gut wie alle großen Autoren aus halb analphabetischen Ländern der Peripherie, wo ihr Treiben immer noch Ansehen genieße. Der alte Analphabetismus dagegen habe in der Herrschaft ungebildeter Fernsehzuschauer neue Gestalt angenommen. Kurz: Nachdem mir durch seine Schuld das *Moderato cantabile, molto espressivo* entgangen war, brachte ich ihn um sein *Allegro molto*.

Als er sich verabschiedete, versprach er, am nächsten Tag den Entwurf des geplanten »existenziellen« Erfahrungsberichtes vorbeizubringen, aber da hörte ich bereits nicht mehr zu.

Ich folgte der letzten Fuge des *Allegro ma non troppo,* nicht übermäßig heiter, ganz wie Beethoven seinerzeit.

Requiem

Zweihundertfünfzig Jahre nach Bachs Tod hörte ich im Musikladen die berühmte Toccata und Fuge in d-Moll, Bach-Werke-Verzeichnis 565, gespielt von dem Benediktiner Emmanuel Löwe, der kurz vor dem Jahrtausendende das gewaltige Pfeifenwerk der Orgel der Kathedrale von Bogotá in Gang setzte. Es klang, als hätte der durchgeistigte Bach sich in einem Anfall maßloser Begeisterung in einen Himmelsstürmer verwandeln wollen – alle begehen wir wenigstens einmal im Leben etwas, was weit über dieses Leben hinausweist.

Fast hätten die brausenden Klänge meine

Melancholie verscheucht, da fiel mir ein, dass wir weder von Bach noch von Mozart wissen, wo sie beerdigt sind – ob sie am Ende nie starben? Wie konnte Bach danach für lange Zeit so in Vergessenheit geraten? Und wie konnte es geschehen, dass die Musik seiner *Markus-Passion* verloren ging?

Aber ging uns bei der Auseinandersetzung zwischen Liberalen und Konservativen in Santa Marta nicht auch die Urne mit dem Herzen des Befreiers Simón Bolívar verloren?

Auch Christi Grab ist selbstverständlich leer, und jeder Kreuzfahrer, der in der Nacht vor dem Aufbruch bei seinen Waffen wachte, tat dies, um später damit eine Höhle zu befreien, in der sich nichts befindet, sagte ich mir mutlos. Da sah ich sie:

Wie ich heute weiß, hieß sie Elena. Sie trug Schwarz und konnte Latein. Völlig unvermittelt stellte sie mir die Frage, ob ich an die Existenz des freien Willens glaubte. Mir bleibe nichts anderes übrig, antwortete ich überrascht. Aber meine Antwort nahm sie gar nicht auf. Ich ließ es dabei bewenden, ist taktvolles

Schweigen doch ebenso viel wert wie einfühlsame Worte.

Sie wollte ein Requiem hören. Ob ich wisse, was das ist? Aber sie sprach mit sich selbst, wie ich feststellte. Sie hatte sich in irgendeinem nächtlichen Bezirk verlaufen, wo sie heute keine Sonne mehr finden kann, ihre Handbewegungen passten nicht zu ihren Worten – wie bei einem Schriftsteller, dessen Sätze keinen Sinn ergeben –, und obwohl das Schicksal vielleicht gerade in solchen Momenten ein Eingreifen zulässt, gelang es ihr nicht, die dafür nötigen Zügel in die Hand zu nehmen. Ebendiese Unfähigkeit war ein Teil ihres Problems.

»Welches Requiem?«, fragte ich. »Irgendeins«, antwortete sie halb herrisch, halb gleichgültig, so als spräche sie ins Leere, und da fühlte ich mich leer.

»Haben Sie vor, zu sterben?«, fragte ich, um sie aus ihrer Versenkung zu holen. Aber sie lächelte nicht einmal.

Ich sah mir an die zwanzig Requiems durch, von der größten aller Totenmessen sah ich jedoch ab, dem Requiem, das Mozart für sein eigenes Begräbnis komponiert hat. Auch die schöne, aber effekthascherische Komposition von Verdi, der dem Tod sein Wirken übel nahm, überging ich. Ebenso wenig in Frage kam das gekünstelte Requiem von Berlioz, der sich so viel Mühe gibt, traurig zu wirken. Stattdessen entschied ich mich für das durchschimmernd helle Werk von Fauré.

Als ich ihr zum letzten Mal in die Augen sah, entdeckte ich in ihrem Blick etwas, was man malen, aber nicht beschreiben könnte. Als der Chor aus Edinburgh die Zeile anstimmte: *Libera animas defunctorum de poenis inferni* – befreie die Seelen der Toten von den höllischen Qualen –, schien sie zur Ruhe zu kommen, worauf sie die Handtasche öffnete, eine Pistole hervorzog und sich in die Schläfe schoss.

Ouvertüre 1812

Don Fidel Pupo – aus Cartagena de Indias – hatte einen Artikel veröffentlicht, in dem er aufs Schlimmste gegen die Musik der Karibik hetzte. Ausgerechnet in *El Heraldo,* was ungefähr so ist, als würde man im Vatikan eine Rede halten, in der die Existenz Gottes bestritten wird.

Verbissen wie viele frisch Bekehrte, behauptete der ehemals begeisterte Fandangotänzer, in Kolumbien gebe es bestenfalls einhunderttausend Menschen, deren Gehör gut genug ausgebildet sei, um die anspruchsvollen Klänge der ernsthaften Musik aufzunehmen, der Rest der Nation, da hülfen die besten Radios mit noch so viel Kilowatt Sendeleistung nichts, sei dazu verurteilt, sich mit den minderwertigen Klängen der Folklore zu begnügen.

Es reichte ihm jedoch nicht, zu wissen, dass er sich zu jener riesigen Minderheit rechnen durfte, im Gegenteil, er hatte in ganz Kolumbien eine Kampagne in Gang gesetzt, die das »aggressive Vordringen« der ungebildeten Mehrheit aufs Korn nahm und Unterschriften gegen Vallenatos und andere Auswüchse musikalischer Folklore sammelte – ein wahres Kamikazeunternehmen, das seinen Ausgang ausgerechnet an der rumbabesessenen Karibikküste genommen hatte. Bachs Kantate *Jesus, der du meine Seele* war hinter seinem Caruso-Dröhnen in Cis-Dur kaum noch zu hören.

Wer es für nötig hält, die Stimme zu erheben, weil er meint, Schlafwandler vor sich zu haben, vergisst, dass es ein Leben nach dem Tod geben könnte, in dem man versucht, sich flüsternd einem erlesenen Publikum, vielleicht aber auch niemandem mitzuteilen. Ob es da klug ist, zu Lebzeiten herumzuschreien und die kostbare Stille zu stören?

Aber heute war ganz offensichtlich nicht mein Tag: Als Nächster betrat Monsieur Pierrot den Musikladen, ein Pedant aus Paris – man verzeihe mir die Redundanz –, der an einer Doktorarbeit arbeitete, in der er die These vertrat, Amerika sei eine bloße »napoleonische Episode«.

Er kam in Begleitung eines feingeistigen Mitgliedes der kolumbianischen Akademie für Sprache und Dichtung, der den Spitznamen *Rigor mortis* trug, seit er den Vorschlag gemacht hatte, um die Reinheit des Spanischen zu bewahren, solle man für den alltäglichen niedrigen Sprachgebrauch verbindlich das Englische vorschreiben.

Selbst Bach hatte in Gegenwart dieses Trios seinen intimen Glanz verloren, ist doch pompös-gestelztes Benehmen das, was übrig bleibt, wenn ein schwarzes Loch implodiert und die wunderbare Weite des Horizonts auf das enge Gesichtsfeld des Ego zusammenschnurrt.

Don Pupo riss mich aus meinen Überlegungen, indem er mir aufdringlich seine Unterschriftenliste unter die Nase hielt. Ich half mir aus der Klemme, indem ich die Herren erst einmal miteinander bekannt machte. Gleich darauf brachte ich sie mit Adelas Hilfe dazu, sich auf eine Tasse sanften Kaffees um einen Tisch zu versammeln, während ich Tschaikowskis kriegerische *Ouvertüre 1812* auflegte, in der aus allen Rohren gefeuert wird.

Don Pupo, der mit einem Megafon im Hals zur Welt gekommen schien, trug den Tischgenossen sein Manifest vor. Als ich mich aus dem Laden schlich, waren sie immer noch in einen heftigen Disput verstrickt. *Rigor mortis* hatte einen hässlichen Gallizismus in Don Pupos Text ausgemacht, welcher – selbstverständlich abschätzig gemeinte – Begriff wiederum das Nationalgefühl des Herrn Franzosen verletzt hatte, der sich postwendend zum Vallenato-Fan erklärte.

España

Eines wolkenlosen Nachmittags hörte ich kurz vor dem Betreten des Musikladens eine kräftige Frauenstimme: »Na, José, wie gehts?« Mit gesenktem Blick antwortete der Angesprochene leise: »Danke, gut, María...«

Drinnen erklang Manuel de Fallas *Feuertanz,* bei dem man an Gemälde von Goya und Stierkampfszenen denken muss. Der Matador in der Arena präsentiert sich – auf dem Höhepunkt seiner Männlichkeit – in den schimmernden Farben des ewig Weiblichen und stellt sich in Ballettschühchen einem Stier entgegen, der seinerseits freilich den ehrlichen Spieß des

Pikadors dem beunruhigenden Nichts der tanzenden Capa vorzieht. Da ließ sich auch schon die Arie *Auf in den Kampf, Torero* aus Bizets *Carmen* vernehmen, die köstliche Begleitmusik des tödlichen Rituals.

Das edle Geschlecht der Kampfstiere, Ergebnis vierhundertjähriger sorgsamer Züchtung, stürbe aus, würde man den Stierkampf verbieten, sagte ich zu mir. Aus Mitleid mit den einzelnen Vertretern dieser prachtvollen Rasse wäre ebendiese Rasse zum Untergang verdammt … Vergeblich versuchte ich, dieses Problem mithilfe der Formeln der Mengenlehre algebraisch in den Griff zu bekommen.

Da kam der Sohn des Expräsidenten herein, Mitglied eines Senates, der das Gewissen nur erwähnt, um zu behaupten, seines sei rein. Verlegen lachend verkündete er, er wolle bloß im Internet nach ein paar Aufnahmen suchen, und fügte unnötigerweise hinzu: »Ich bin kein Mikrochip, sondern immer noch ein Säugetier.«

Ich merkte, dass er sich einsam fühlte, und lud ihn auf eine Tasse Gualillo-Kaffee aus Santander ein. Er behauptete, schon bald würden die Computer, diese freundlichen körperlosen Hirne, es im Denken mit dem menschlichen Verstand aufnehmen können.

»Darf man sie dann immer noch einfach ausschalten?«, fragte ich.

Zum Refrain von Sonne, Sand und Blut erweiterte er seine These mit den Worten: »Irgendwann werden sie eine gefühlsfähige Intelligenz besitzen, während wir Säugetiere schon längst über intelligente Gefühle verfügen.«

Dann deutete er auf das leere Ladeninnere: »Ganz schön wenig los heute, was?« Ich nickte.

»Tja, die Rezession. Wissen Sie, warum wir eine Rezession haben?«, fragte er dann und versuchte dabei – vergeblich – eine Finte à la Manolete auszuführen. Ohne meine Antwort abzuwarten, sagte er: »Dreimal hat der Kongress in diesem Jahrhundert versucht, seinen Präsidenten vor Gericht zu stellen – Suárez trat gerade noch rechtzeitig zurück, Ospina löste ihn gewaltsam auf, und unser letzter Präsident löste das Problem durch Bestechung. So haben sie unser Land zugrunde gerichtet. Sagen Sie selbst, Otto: *Is it just?*«

»*Just* war in der Politik bislang einzig und allein Saint-Just«, erwiderte ich scherzend. »Er hat gesagt, alle Künste haben große Meister hervorgebracht, die Regierungskunst jedoch hat bloß Ungeheuer in die Welt gesetzt.«

Damit entlockte ich ihm nur ein müdes Lächeln. »Und was sagen Sie zur aktuellen Lage?«

Im Hintergrund dröhnte inzwischen de Fallas *Aragonesa*.

»Es sieht schlecht aus: Im März ist Yehudi Menuhin gestorben, und letzten Freitag der Tenor Alfredo Kraus.«

Ungewohnt energisch setzte er nach: »Im Ernst, Otto, denken Sie bloß an die Guerilla...« Dann entwarf er ein ausführliches Bild der gegenwärtigen Schwierigkeiten, die er, wie zum Spaß, am Beispiel seiner selbst veranschaulichte, und sagte abschließend: »In was für einem Land leben wir bloß!«

Auf diese Worte hin ließ die vaterlandsliebende Adela *La Vencedora* erklingen, das Stück, mit dem Bolívar – der ein begeisterter Tänzer war – den Sieg über die Spanier in der Schlacht von Boyacá feierte.

Der junge Mann jedoch wollte nichts davon wissen. Die Wählerstimme hast du verloren, sagte ich zu mir. Laut antwortete ich dagegen: »Kolumbianer sein ist eben auch nur eine Leidenschaft unter vielen – wir sind nun mal hier geboren, was soll man machen.«

Bei dem munteren Klang der Geigen, Flöten und Oboen verspürte ich auf einmal große Sehnsucht nach Kolumbien, obwohl ich doch in Kolumbien war; dazu fiel mir ein Ausspruch unseres Befreiers Bolívar ein: »Tanz ist Bewegung in Gedichtform.«

Unser Herr Senator setzte derweil seine Klagen fort, die er mit allen möglichen – vorzugsweise französischen, zur Not auch englischen – Modewörtern anreicherte, während sich der wahre Kosmopolit, wie ich mir sagte, auch in seiner Heimat zu Hause fühlen können sollte. Da unterbrach ihn Adela mit den Worten, Bolívar – der zweisprachig war – habe alle Fragen, die ihm die Mitglieder der Familie De Mier, die ihn auf ihrem Landgut in San Pedro Alejandrino aufgenommen hatte, auf Französisch stellten, hartnäckig auf Spanisch beantwortet.

Um die Situation zu entschärfen, fragte er sie: »Wusstest du, dass eure Stammkundinnen Julieta und Margarita von den De Miers abstammen?« Um nach einer weiteren Lageschilderung zu gestehen: »Wenn es noch schlimmer wird, gehe ich nach Paris.« Womit wir gewissermaßen zum Ausgangspunkt zurückgekehrt waren. Dazu erklang Emmanuel Chabriers funkelnde Komposition *España,* die sich um unsere Mutlosigkeit nicht im Geringsten scherte.

Der Senator sprach weiter: »Königstreue gegen Patrioten, Liberale gegen Konservative, Kommunisten gegen Faschisten – im Grunde genommen lässt sich unsere Geschichte als eine einzige Abfolge von Racheaktionen darstellen.«

Ich stellte meine Kaffeetasse ab und zitierte ein paar Zeilen von Góngora, die mir zu seinem gedankenlosen Naturell zu passen schienen: »Sollen doch andere sich über Regierungen und Monarchen den Kopf zerbrechen, solange es mir nicht an süßer Butter und weichem Brote gebricht.«

Er nahm es verdrießlich hin und fragte dafür unerwartet ernst: »Und Sie, was erwarten Sie sich vom Leben?«

Die alten Rhythmen Spaniens, die Chabrier so geschickt aufgegriffen hat, sprechen davon, dass man im Tod sein Glück finden könne; ich dagegen sagte: »Ich glaube, dass sich das Elende zuletzt doch aus dem Staub erheben wird, anders als all das, was wir jetzt noch bewundern, und in dieser Gewissheit lebe ich, so gut ich kann.«

Stille trat ein. Dann sagte unser Senator: »Dieses Stück läuft zurzeit ständig in Miami.«

»Ich weiß«, erwiderte ich. »Damit werben sie dort für heiße Würstchen: *Hot dog diggi dito*«, sang ich ihm vor.

Darauf verabschiedete er sich und machte sich voll zivilisierter Skepsis auf den Weg zum Parlament, wo man mit den Sorgen der anderen Geschäfte macht.

Mir dagegen fiel wieder ein, wie bekümmert sich María und José begrüßt hatten.

Tantum ergo

Draußen regnete es. Ich legte eine Aufnahme mit gregorianischen Gesängen auf und machte mir ein provisorisches Bett zurecht, denn es war längst späte Nacht, doch ich war mit der Inventur nicht fertig geworden. Zum Trost sagte ich mir, vielleicht bestehe die Zivilisation ja gerade hierin, im Glanz geduldigen Beharrens, in der monotonen Aneinanderreihung banaler Tätigkeiten.

Bevor ich die Augen schloss, betete ich mein altes Gebet aus Kindertagen. Ich hatte konfuse Träume, unter anderem fiel in Bogotá wieder einmal der Strom aus. In den dunklen, leeren

Straßen hallten wie ein Mantra der Angst die Schreie eines verrückten Bettlers wider. Ich überquerte den Platz und ging auf die Kirche Nuestra Señora de Lourdes zu, die wie ein mittelalterliches Kloster in Baden-Baden aussah; die hinter den Glasfenstern brennenden Kerzen wachten über das geheime Herz der Nacht.

Als ich die Vorhalle betrat, hatte sich meine Kleidung in die schwarze Ordenstracht eines Benediktiners verwandelt. Ein Mönch begrüßte mich in würdevollem Latein und wünschte mir Frieden. »*Pax tecum*«, erwiderte ich, »*Deo gratias*«, und senkte kaum merklich den Kopf. Dann ging ich ins Kircheninnere. Die Bruderschaft hatte sich versammelt und pries den zaubrischen Schöpfer ihrer zaubrischen Gesänge.

Wie es so geht im Traum, nahm ich, ohne dass sich irgendjemand daran störte, der ehrwürdigen Ordensregel der Benediktiner entsprechend den Platz des Drittältesten ein. Die ans Schweigen gewöhnte Stimme des Abtes ließ in feierlichem Ernst die gotischen Bogen erzittern, als spräche das Wort, das sonst vom Schweigen überdeckt wurde, auf einmal die Wahrheit aus. Das Wissen um das Wehen des Geistes rief uns innerlich auf, uns für die Ewigkeit zu rüsten. Und der von allen geteilte Glaube bestärkte jeden Einzelnen in seinem einsamen Kampf.

Stehend und mit hochgeschlagenen Kapuzen stimmten wir das *Tantum ergo* an, während die sich jenseits der Kirchenmauern bekämpfenden verfeindeten Gruppen uns in düstere Finsternis stießen. Der geschmeidige Gesang hatte Zeiten überstanden, die noch bitterer waren, sein Klang, das sanfte Schaukeln eines friedlichen Meeres, erlöste uns von der Tyrannei des Wissens um das unaufhaltsame Verstreichen der Zeit. Von der Gewalt jenes Ozeans überwältigt, rief ich laut: *Wer, wenn ich schriee, hörte mich denn aus der Engel Ordnungen?*

Und von der Höhe der Kuppel ertönte das Echo mit der Stimme des Bettlers: *Der Schmerz pflanzt in der Festung der rebellischen Seele das Banner der Wahrheit auf.*

Ich erwachte. Im Musikladen erklang der Chor der Benediktinerabtei Santo Domingo de Silos, *Iustititae Domini* sangen die Stimmen. Draußen wurde es hell …

Schumann

Der Musikladen erbebte von den Klängen der Streicher aus Mozarts viertem Violinkonzert, Köchelverzeichnis 218, diesem kraftvollen Bekenntnis voll sanfter Eleganz. Auf der Plattenhülle war die berühmte Alard-Geige abgebildet, die Antonio Stradivari zum Abschluss mit einem unbekannten Lack überzogen hat, der im Lauf der Jahrhunderte von orangefarben zu rot gereift ist und so einem Gegenstand, der ohnehin voller Geist ist, noch zusätzlich Leben verliehen hat. Der Solist bei der Aufnahme war Yehudi Menuhin, der sich damals gerade auf Tournee durch Kolumbien befand. Als Menuhin in Barranquilla erfuhr, dass einige Leute dort nicht genug Geld für die Eintrittskarten hatten, sagte er zu ihnen: »Ich verzichte auf mein Honorar und spiele alles, was Sie wollen, solange Sie wollen.«

Von draußen drang in seiner einsamen Vielstimmigkeit der Verkehrslärm herein, weshalb ich das Doppelfenster schloss, das auf die Plazoleta de Lourdes geht.

Da kam, im weit geschnittenen Regenmantel, der Intellektuelle Adolfo in den Laden. Ohne Grund liest man ständig über ihn in der Zeitung – der große Vorzug seines Werks besteht jedoch in seiner Nichtexistenz, weshalb es gegen jede Art schlechter Kritik gefeit ist.

Adolfo gab ein Zitat des Marquis de Sade zum Besten: *Die Tugend ist eine bloße Wirkung, schöpferisch ist einzig das Laster.* Draußen begannen die Kirchglocken zu läuten, und die Wirkung davon war, dass es sanft auf uns herniederträufelte, wie wenn auf einem Friedhof das Angelus angestimmt wird.

Plötzlich fiel eine CD mit lautem Knall auf den Marmorboden. Ein junges Paar bückte sich, um sie aufzuheben. Der Jüngling war bleich geworden, während seine Begleiterin errötete, so als erschiene gleich Mozart persönlich, um sie auszuschimpfen.

»So etwas kommt vor«, sagte ich beschwichtigend und fragte, ob ich helfen könne. Wie aus einem Munde antworteten sie, sie seien auf der Suche nach »Werken, in denen die Komponisten ihre Liebe ausdrücken«. Ich wollte schon die Arme ausbreiten und auf den gesamten Laden verweisen, doch da fiel mir ein, dass man in diesem Alter stets nur annähernd das sagen kann, was man eigentlich sagen möchte.

Ich zeigte ihnen Sonaten wie die, die Beethoven einst seiner Geliebten widmete, und auch das Lied Abälards für seine Héloise. In jugendlicher Unbekümmertheit verkündete das Mädchen, Abälard sei von Héloises Onkel entmannt worden. Beunruhigt fragte der Junge hierauf, weshalb Abälard immer noch so bekannt sei, wo doch heutzutage niemand mehr seine Bücher lese.

»Weil er Sänger war, sozusagen der John Lennon seiner Zeit, und so wie ihm kann es immer noch jedem jungen Verliebten ergehen«, antwortete ich und kam mir wieder wie ein junger Lehrer vor.

Sie einigten sich auf Beethovens *Für Elise*, und ich gab ihnen die Aufnahme mit Alfred Brendel, vielleicht die beste, die es gibt. Daneben legten sie die Gesänge Abälards und Schumanns Friedensgabe, die *Träumerei*. Drei CDs. Wir rechneten aus, wie viel es kostete – ihr Geld reichte nur für zwei.

Bekümmert sahen sie sich an. Die junge Frau erklärte, sie wollten sich ein Hochzeitsgeschenk machen. Ihr Gedankengang hatte etwas Paradoxes und zeigte ein recht eigenwilliges Verständnis von den Gesetzen der Mengenlehre: »Wenn er mir eine schenkt und ich ihm auch eine, dann hebt sich das auf, so als wären wir kein Paar mehr. Die dritte brauchen wir also für uns zusammen.«

Da merkte ich, dass mein alter Ladenaufseher mit dem Schurken Adolfo aneinandergeraten war, dessen Regenmantel sich verdächtig ausbeulte.

Weil Höflichkeit niemals fehl am Platz ist,

ging ich zu ihnen und sagte: »Señor Adolfo, entweder Sie benehmen sich, wie es sich gehört, oder wir rufen die Polizei.«

Ohne mir durch seine Trotzki-Brille in die Augen zu sehen, holte er sechs CDs unter seinem Mantel hervor und sagte trotzig: »Ich kaufe Sie Ihnen ab.«

Ich verbesserte ihn: »Sie bezahlen sieben, nehmen aber nur sechs mit.«

Offensichtlich erleichtert antwortete die blasse De-Sade-Kopie in wackligem Französisch: *»Ce juste.«* Worauf er zahlte und verschwand.

Ich ging zu den beiden jungen Leuten zurück, die inzwischen mit mathematischem Kummer eine der CDs ausgesondert hatten, ausgerechnet Schumann, der wie sie Armut und Liebesschmerz erleiden musste und sich im Wahn ins eisige Wasser des Rheins stürzte.

Wortlos bezahlten die Liebenden die zwei CDs, doch zu den Klängen von Schumanns *Andante grazioso* packte ich ihnen als Hochzeitsgeschenk auch die dritte mit ein.

Schubert

Als ich die Brüder De Greiff hereinkommen sah, erklang im Musikladen gerade *Der Tod und das Mädchen,* Schubert-Lieder D 531. Die beiden unterhielten sich im leisen Gebirgler-Singsang der nordwestkolumbianischen Paisas. Wie verschieden die zwei doch sind, sagte ich zu mir – wie im Pantheismus: unterschiedliche Daseinsformen ein und desselben Wesens. Wenn ich sie ansprach, dessen war ich mir bewusst, lief ich Gefahr, mich einem geistigen Degenfechten mit scharfen Toledaner Klingen auszusetzen, das aber auch die Form eines leichtfüßigen Couplets annehmen konnte.

Da hörte ich, wie der Dichter León sagte: »Man muss das Geschlecht beibehalten.«

Otto erwiderte: »Schluss jetzt mit dem Gemeckere, da vorn ist der Enkel von Don Justo.«

Ich musste lächeln und zuckte dennoch bei seinen Worten zusammen, reißt einen doch nichts so heftig aus der Gegenwart, wie wenn man daran erinnert wird, dass man ein Glied in einer langen zeitlichen Abfolge ist.

Ich begrüßte sie schüchtern, der große Altersunterschied flößte mir Respekt ein, wenn er auch durch das Wissen um die alte Bekanntschaft unserer Familien abgemildert wurde.

Der Dichterbruder versuchte mich auf seine Seite zu ziehen: »Sehen Sie, dieser Otto hier« – er deutete auf seinen Bruder, als handelte es sich um eine gefangene Eule – »hat *Der Tod und das Mädchen* übersetzt. Im Spanischen ist der Tod jedoch weiblich – *la muerte* –, nicht männlich wie im Deutschen. Um die Spannung zwischen den Geschlechtern beizubehalten, hätte der Tod in seiner Übersetzung also *el esqueleto* heißen müssen, finden Sie nicht?«

»Der Tod, der Tod«, murmelte Otto derweil

vor sich hin, bis er mit finsterer Miene verkündete: »Das ist immer so beim Übersetzen: Das, was der Autor sagen will, kann man hinüberretten, aber die Tonlage, die Stimmung seiner Sprache, geht verloren.« Worauf er verschmitzt hinzufügte: »Wissen Sie, warum das Wort für Vagina im Lateinischen maskulin ist und das für Penis feminin?«

»Nein, wie kommt das denn?«

»Na, weil der Diener den Namen seines Herrn annimmt.«

Lächelnd stichelte León zurück: »Jetzt übertreib mal nicht, du redest ja daher wie der letzte Hinterwäldler.« Dabei lispelte er leicht wie die Leute aus Antioquia, wo der Wind säuselnd zwischen den Maisblättern hindurchstreicht.

Otto konterte ungerührt mit der abstrakten Formulierung: »In der Übertreibung liegt eine Genauigkeit, die die Genauigkeit nicht begreift.«

Da begriff ich auf einmal, weshalb beider Landsmann, der Maler Fernando Botero, die für die Leute aus ihrer Gegend so typische Art, beim Sprechen ständig zu übertreiben, auf seinen Bildern in übermäßige Körperfülle umgewandelt hat.

Da beide Brüder von sich behaupteten, die beste Sammlung von Aufnahmen klassischer Musik in ganz Bogotá zu besitzen, baten sie mich, den Streit zu entscheiden.

Um ihr schillerndes Schauspiel weiter genießen zu können, ohne in den köstlich irrealen Groll einbezogen zu werden, verkündete ich: »In einen Bruderzwist mische ich mich nicht ein. Außerdem, mein lieber León, sind zwei Ottos nicht genug, um einen Löwen zu erlegen.«

Die süßsaure Spannung verflüchtigte sich, als die stets aufmerksame und diskrete Adela uns Kaffee aus Medellín servierte, der einem so betörend sanft die Kehle hinabgleitet wie eine Sonate von Franck, worauf man sich wach und munter fühlt wie eine frisch gestimmte Geige.

Mittlerweile hatte der Bariton Dietrich Fischer-Dieskau ein neues Lied angestimmt. León steckte sich die dazugehörige Plattenhülle geschwind unter den Arm, damit sein Bruder sie sich nicht unter den Nagel reißen konnte. Gleichzeitig beschrieb er, was da zu hören war, so: »Eine klangvoll schluchzende Klage im Stil von Schuberts Heine-Vertonung *Am Meer*.«

Otto, dessen Groll auf kleiner Flamme weiterköchelte, hielt mit einem feurigen Vers dagegen: *Kämpfen muss ich und reiten, und sitze ich nur erst im Sattel, vor Ross und Reiter bald breiten Kastiliens Weiten sich aus.* Und mit einem trockenen Lächeln, das nur in der Iris seiner Augen aufschimmerte, fügte er hinzu, er habe sich diese Platte bereits reservieren lassen.

Darauf holte ich ein zweites Exemplar hervor, womit das Problem aus der Welt geschafft war – manchmal hilft der pure materielle Überfluss, um ästhetische Spannungen zu entschärfen. Mit dazu bei trug freilich auch der Kaffee, der – wie der Humor – jeden Fanatismus beschwichtigt.

León wollte nun rauchen, weshalb ich ein Fenster öffnete, indes er seine Pfeife mit nach Vanille duftendem Tabak aus heimischer Produktion stopfte und entzündete. Otto, zufrieden mit seinem neuen Spielzeug, verabschiedete sich halb vertraulich, halb distanziert. Ich trug ihm Grüße an seine Tochter Ilse auf und sah hinterher, während er kerzengerade wie ein peripatetischer Pinguin davonschritt.

Polonaisen

Beim Überqueren der Plazoleta de Lourdes stieß ich auf den Straßenprediger, der für den 31. Dezember des Vorjahres den Weltuntergang vorhergesagt hatte. Als er Geld von mir haben wollte, nutzte ich die Gelegenheit, um ihm zu sagen, dass er sich hier an Ort und Stelle bei seinen Nachbarn für die Unannehmlichkeiten entschuldigen solle, die seine falsche Voraussage womöglich verursacht hatte. Der Prophet war aber nicht zu Scherzen aufgelegt und machte sich ohne weiteren Kommentar davon.

Als ich den Laden betrat, erklang gerade die

erste der Polonaisen, Opus 40. Ich begrüßte Adela und las, was in dem CD-Beiheft stand, ein Zitat aus einem Brief Chopins an einen Freund: »In den letzten beiden Wochen war ich mausetot … Drei herausragende mallorquinische Ärzte haben mich untersucht. Der erste teilte mir mit, dass ich sterben würde, der zweite, dass mein Tod unmittelbar bevorstehe, und der dritte, dass ich bereits tot sei.«

Sein Sinn für Humor ließ ihn am Beispiel des menschlichen Schmerzes erkennen, dass es hier auf Erden keine Vollkommenheit gibt und dass hier auch gar nicht unser wirkliches Zuhause ist. Da fiel mir Oscar Wilde ein, der wie Chopin auf dem Friedhof Père-Lachaise begraben ist. Als Wilde im Sterben lag, hörte er, wie sich der Gastwirt mit den Ärzten darüber stritt, wer für die Kosten aufkommen solle. Wilde unterbrach sie mit den Worten: »Ich sehe schon, ich sterbe über meine Verhältnisse.« Das waren die letzten Worte dieses scharfsinnigen Denkers, der sich bis zum Schluss hinter der diskreten Verkleidung des Frivolen verbarg.

Während sich der Pianist Claudio Arrau weiter Chopins aufrührerischen Protestes mit all seinen patriotisch-geheimbündlerischen Untertönen annahm, betrat beschwingten Schrittes der Verleger Ibáñez den Laden. Er war nicht gerade groß, dafür hatte er einen Kopf wie Beethoven. Er erkannte das Stück, das schon seit Langem den Beinamen »die Militärische« trägt. Streng genommen kam er nicht in der Absicht, einfach nur eine Platte zu erstehen. Seine Bestelllisten glichen Unterlagen für komplizierte multilaterale Verhandlungen, sie waren voll mit Komponistennamen, Orchestern, Aufnahmedaten.

Mir gefiel diese Detailversessenheit, die allerdings, setzt man ihr nicht strenge Grenzen, Gefahr läuft, in eine wilde Feldschlacht auszuarten. Die Heftigkeit der nun erklingenden Polonaise *Héroïque* ließ ihn jedoch nicht unberührt, im Gegenteil, wir setzten uns an einen Tisch, um zuzuhören, worauf er statt seiner Listen ein kleines Reiseschach hervorzog.

Er spielte die romantische Eröffnung mit dem Bauernopfer nach, bei der einem kein einziger Fehler unterlaufen darf, genau wie bei Chopins so sorgfältig komponierter Musik. Dabei trug er den schwarzen Figuren die berühmten Worte vor: »Übel ists euch ergangen, Franzosen, Karl verlor die Ehre, und das Leben seine zwölf Pairs…«

Die in den glanzvollen Tönen verborgene Erinnerung rief ihm ins Gedächtnis, dass sein Vater ihm das Schachspielen hatte beibringen wollen, als er starb: »Mir blieben nur sein Brett und die Figuren. Von den Regeln hatte ich keine Ahnung. In die vorderste Schlachtreihe stellte ich den König, seine Bischöfe und Ritter, denn ich ging davon aus, dass sie sich opfern würden, um die hinter ihnen stehenden schwachen Bauern zu schützen. Seither habe ich eine Menge dazugelernt.« In der Tiefe seiner Augen sah ich da das ernste Kind, das in ihm wohnte.

Während wir uns über die zahlreichen Fallstricke unterhielten, denen es im Lauf des Lebens auszuweichen gilt, nahm der feinfühlige Pianist die männlich kraftvolle *Marche funèbre* der Klaviersonate Nr. 2, Opus 35, in Angriff, in der Chopin von sich selbst Abschied nimmt.

Bei ihren Klängen äußerte Ibáñez die Ansicht, die Propheten des Weltuntergangs hätten insofern recht, als sie jeden Einzelnen darauf hinwiesen, was ihm tatsächlich bevorsteht. »Und die Musik«, fügte er von einem Geistesblitz erhellt hinzu, »ist die ewige Gegenwart, die uns im Vorbeigehen wortlos entführt.« Wie bei einem Bestattungsritual legte er die Figuren in das dazugehörige Kästchen, klappte den Deckel zu, verabschiedete sich ohne weitere Umstände und ging.

Strauss

Die ernsten Klänge von Kontrafagott, Orgel und Pauke aus *Also sprach Zarathustra* hallten durch den Musikladen, als der Politiker hereinkam. Adela nahm sich beflissen seiner an; mein kindisches Gebrabbel von wegen »die geistige Anspannung stets am Siedepunkt halten« kümmerte sie nicht, im Gegenteil, sie hielt wenig davon, das Geschäft als moralischen Fels in der Brandung zu betrachten.

Ich musste dennoch daran denken, wie dieser Politiker einst mit pathetischem Vibrato einem schändlichen Präsidenten zum Freispruch verholfen hatte, der alles Mögliche zu erklären gehabt hätte, aber nichts erklären konnte. Und wie die Regierung, der er angehörte, vom intellektuellen Sumpf ihrer parlamentarischen Spelunke aus Sticheleien gegen die Bewohner angeblicher »Elfenbeintürme« vorbrachte, mit denen die – zuletzt gerade noch verhinderte – Auflösung des Staatlichen Symphonieorchesters begründet werden sollte.

Zum Glück gibt es noch Zufluchtsorte für Leute, die nicht der Ansicht sind, wir, die Gefangenen der Wirklichkeit, sollten uns damit zufriedengeben, unseren Häftlingsalltag zu verschönern, indem wir die Gitterstäbe unserer Zellen bunt anmalen, sagte ich mir.

Als könnte er meine Gedanken lesen oder als triebe ihn eine Neugier an, gegen die Adelas Ablenkungsmanöver machtlos waren, kam der Politiker zu mir und fragte: »Ist das nicht die Musik aus dem Film *2001: Odyssee im Weltraum?*«

Ich nickte und reichte ihm wortlos – um nicht irgendeine Unvorsichtigkeit zu begehen – die Hülle der Strauss-CD.

Er warf nur einen flüchtigen Blick darauf,

während er weitersprach: »Kaum zu glauben. Als dieser Film gedreht wurde, erwartete man sich noch wer weiß was vom Jahr 2001. Und jetzt, wo es so weit ist, müssen wir feststellen, dass das Ganze nichts war als ein ungedeckter Scheck, der außerdem längst verfallen ist. In meiner Jugend …«, fuhr er fort, unterbrach sich dann jedoch, als müsste er die kommende Rede erst noch zurechtfeilen. »Für das 20. Jahrhundert«, setzte er neu an, »brach eine Zeit ohne Zukunft an. Und wir warten bis heute vergeblich auf deren Rückkehr. Meinen Sie nicht?« Er sah mich durch seine Brille fragend an und strich sich über den ergrauten Schnurrbart.

»Ja«, erwiderte ich, »der Fortschrittsglaube ist ein Schattentheater, bei dem ein Hund die eigene Silhouette anbellt, und daraufhin stimmen hundert andere Hunde in das Gebell mit ein.« Ich verstummte.

»Strauss gefällt mir«, sagte er jetzt. »Ist das der mit den Walzern?«

»Nein, was Sie hören, ist Richard Strauss, der aus Deutschland.«

»Was können Sie mir noch von ihm empfehlen?«, fragte er, ohne sich von meiner Sprödigkeit einschüchtern zu lassen.

Ich drückte ihm die Aufnahme der *Metamorphosen,* dirigiert von Otto Klemperer, in die Hand; mein Unbewusstes wäre derweil am liebsten aus seinem Käfig entflogen.

Auf der CD-Hülle wurde dummerweise auf das geistige Erbe Beethovens und Wagners in Strauss' Werk verwiesen.

Da entschlüpfte mir der folgende Kommentar: »Vom Krieg aller Illusionen beraubt, machte sich Strauss die Klage von Wagners König Marke zu eigen: ›Wozu die Dienste ohne Zahl?‹«

Der ehemalige Minister runzelte die Stirn, brach dann jedoch wie in geheimer Übereinstimmung in lautes Lachen aus. Beide lachten wir erleichtert, worauf auch Adela ein überraschtes Lächeln aufsetzte, obwohl sie nicht wusste, worum es ging.

Der Politiker entschied sich zuletzt für die Aufnahmen des deutschen Strauss, nahm aber für seine Tochter dazu noch Johanns *An der schönen blauen Donau* mit und ging von dannen. Nachdenklich sah ich ihm hinterher, mit ihm selbst hatte ich mich ausgesöhnt, nicht jedoch mit der Rolle, die er spielte.

Rigoletto

Durch einen dieser Zufälle, die das Universum oder wenigstens einen Teil davon beherrschen, kam ein junger Mann, dessen Name ich nicht erinnere, in den Musikladen und wollte Verdis *Rigoletto* hören. Beim Sprechen zog er die dichten Brauen hoch, die in ständiger Bewegung ein Augenpaar überwölbten, dem nicht ein einziges jener flüchtigen Details entging, aus denen empfängliche Gemüter ihre Geistesblitze schlagen. Er verkündete, dass diese Oper uns lehrt, dass jemanden lieben auch heißt, zu lernen, dass man ihn jederzeit verlieren kann. Nur zu gerne legte ich die

Aufnahme mit dem Orchester der Mailänder Scala – sie beging gerade ihren zweihundertsten Geburtstag – unter Leitung von Rafael Kubelik für ihn auf.

Draußen löste sich die kalte Schönheit eines wolkenverhangenen Vormittags in einen sanften Regen auf, der über der Hochebene niederging – die grauen Wolken hätte man am liebsten in Schäfchen verwandelt und zärtlich gestreichelt.

Der junge Mann ließ sich an einem Tisch nieder und schrieb etwas auf die Papierserviette, die Adela zusammen mit einem Kaffee aus Tolima und geraspeltem Rohrzucker gebracht hatte. Die Sopranistin Renata Scotto sang mit ihrer klaren Stimme die Arie *Caro nome che il mio cor*. Gilda, diese Seele des ewig Weiblichen, verliebt sich in den Falschen und führt damit den Untergang ihres Vaters Rigoletto herbei, in schicksalhafter Verkettung, die nicht weniger ungerecht ist als das Leben selbst, das unter der erdrückenden Herrschaft der Zeit steht, die, wie der Herzog von Mantua, auf nichts und niemanden Rücksicht nimmt. Ihre

Stimme, die wie ein sanfter Quell hervorsprudelte, ließ einen sehnsüchtige Trauer über den gewaltigen Verlust empfinden, der sich oft hinter scheinbar harmlosen Ereignissen verbirgt.

Als das Stück zu Ende war, musste der junge Mann nach einem Blick in seine Brieftasche feststellen, dass er die Aufnahme nicht erwerben konnte. Beschämt ging er fort, ohne abzuwarten, bis der Regen nachließ. Verlangt es einen in seinem Alter doch ständig nach Dingen, die man gar nicht braucht, wogegen man noch nicht begreift, dass es sich durchaus lohnt, für Dinge zu leben, die niemals eintreten werden – wie Träume, denen es nicht gelingt, sich zu Bildern zu verdichten, worauf sie sich in der Nacht auflösen, der sie freilich nicht entstammen. Auf der Serviette hatte er in tadelloser Handschrift die folgenden Verse hinterlassen:

»Eins: Alles perfekt, / alles exakt erfasst, / und ich im Glauben: / zwei plus zwei gleich der Morgenstern, / und der Mond die Nase im Gesicht eines Clowns.

Zwei: Die Jugend ist nur dazu da, dass wir

nicht merken, dass sie vorbeigeht, dass wir feststellen, dass wir nichts von ihr merken, dass wir begreifen, dass wir sie verpasst haben.

Drei: Was für kranke Metaphern diese Stadt verwendet: *Dieser Mensch ist gut wie das Brot*, sagt man hier und verschlingt ihn.

Vier: Auf der Spitze meiner Wirbelsäule sitzt aufgespießt eine glühende Kohle, mein Kopf. Ich denke nicht mehr, also bin ich.«

Weg war er, *der junge Mann aus dem Mai, als sich irren noch hieß, zu leben,* wie der Dichter über den Indiokönig Zipa sagt. Doch ich war sicher, dass ich eines Tages wieder von ihm und seiner so vielversprechenden Sensibilität hören würde.

Aber nichts da – der Großstadtdschungel, der uns alle beherrscht und auf nichts und niemanden Rücksicht nimmt, hat ihn verschlungen.

Telemann

Ich träumte, ich wohnte auf einem Kometen. Während ich durchs Weltall schweifte, versuchte ich mich wach zu halten, indem ich von seinem Rand aus in die Ferne sah, aber alles war unendlich gleichförmig und monoton. Beim Aufwachen sagte ich mir, wenn sich das Auge zu sehr an einen Anblick gewöhnt, verliert das Betrachtete an Reiz. Ich duschte, ließ das Frühstück ausfallen und ging an der Kirche Nuestra Señora de Lourdes vorbei zum Musikladen. Das Wetter war rau und unbeständig.

Im Geschäft verbreitete bereits der Kaffee seinen Duft, indes Adela, unterstützt von zwei jungen Schreinern, die neuen Regale aufbaute. Die schwarzen Vinyl-LPs räumten ihre letzten Stellungen und gaben den Platz frei für die Metallic-CDs, die sich vom Laser abtasten lassen. Im Radio erklang dazu – es ging um die aktuelle Lage unseres Landes – ein Zitat von Cernuda: *Die Geschichte meiner Heimat wurde stets von erbitterten Feinden des Lebens bestimmt.* Sich Sorgen machen ist das Einzige, was hierzulande jeder kann, sagte ich mir, schon schwieriger ist es, sich zu langweilen – wer gähnt schon, wenn er Opfer eines Raubüberfalls wird?

Wie um dem etwas entgegenzuhalten, waren nun im Hintergrund barocke Rhythmen zu vernehmen, die eine Sicherheit vermittelten, die Kolumbien uns verwehrte. Zu den Klängen von Telemanns *Tafelmusik,* dirigiert von Reinhard Goebel, begann ich sorgenvoll in einem Buch über die großen Revolutionen zu blättern. Bei dieser Musik, die das Gefühl über die Erregung stellt und das gleichmäßige Dahinfließen dem wilden Emporschäumen vorzieht, ließen es sich einst die Könige schmecken. Die Könige, mit ihrer Gier nach Macht und ewigem Ruhm … Wie heißt es doch in dem alten Vers: *Unser König Don Juan, was ist aus ihm geworden, und was ward aus ihnen, aus Aragons Infanten? Und noch manch Edler, der viel Neues brachte, wohin hat sie's verschlagen?*

Die menschliche Geschichte ist auch eine Ansammlung von Dingen, *die hätten geschehen können* und dennoch nie geschehen sind. Der Ort, an dem all das, was möglich wäre, eine Heimat gefunden hat und in ewigem Halbschlaf vor sich hin dämmert – das sind die Oboen Georg Philipp Telemanns.

Auf der Suche nach Vorläufern der gegenwärtigen Ereignisse stieß ich im Kapitel über die Französische Revolution auf Auszüge aus den Tagebüchern Ludwigs XVI.

Am Tag der Erstürmung der Bastille notierte er: »Nichts.« Obwohl die Künste des Uhrmacherhandwerks ihn so begeisterten, nahm er nicht auf, was die lateinische Sentenz, die auf einer seiner Uhren geschrieben stand, über das Verstreichen der Stunden besagte: *Alle schmerzen, die letzte bringt den Tod.*

Als die melancholischen Hirtenklänge der

Oboe die *Allegresse (vite)* in Angriff nahmen, suchte ich in demselben Buch nach der Schilderung der Hinrichtung des Zaren Nikolaj II. und seiner Familie.

Als im März 1917 die revolutionären Horden über Sankt Petersburg herfielen, notierte der Zar, nach einem Blick auf seine Fabergé-Juwelen: »Lange spazieren gegangen, dabei zwei Raben getötet. Bei Anbruch der Dämmerung Tee getrunken.« Nicht ohne Grund heißt es in Bhutan, es bringe Unglück, wenn man einen Raben tötet …

Im Hintergrund vernahm ich die heiteren Flöten, die den Adligen einst ihren Lebensüberdruss erleichtern sollten, und sagte mir: Hätte Kaiser Augustus sich aufmerksamer dem untergründigen Treiben der Christen gewidmet, hätte er sicherlich dazu gesagt: »Römer! Die Götter sind auf unserer Seite. Kein Grund zur Beunruhigung. Nach sorgfältiger Untersuchung hat sich herausgestellt, dass diese Sekte bloß zwölf Anhänger hat; einer von ihnen ist ein Verräter. Und ihr Anführer ist bereits ausgeschieden.«

Ich klappte das Buch zu. Lieber hörte ich mir die schmachtende *Suite D-Dur* für Trompete, Oboe und Streicher an, auch sie ein Teil von Telemanns großherziger *Musique de Table*.

Denn die Musik, nicht anders als ein Fluss, erklärt nichts.

Adagio molto delicato

Die Hoffnung ist mein Beruf. Tagsüber diene ich ihr als Musikverkäufer, nachts, sooft ich Zeit dafür finde, lege ich über auf- und absteigende Verwandtschaftslinien und Familiennamen Rechenschaft ab. Jeder Stammbaum lässt mich aufs Neue in die Vergangenheit eintauchen, dabei bekomme ich Dinge zu Gesicht, von denen nicht einmal die noch lebenden Vertreter eines Geschlechtes etwas wissen.

Für gewöhnlich gebe ich nicht alles preis, was ich bei meinen Nachforschungen herausfinde. Heute jedoch verspürte ich beim Erwachen den heftigen Drang, die vollständige

Wahrheit zu verkünden, weshalb ich mich im Folgenden der Gefahr aussetze, sie gänzlich ungeschminkt zu präsentieren.

Wer früher die mühselige Aufgabe in Auftrag gab, einen Familienstammbaum zu erstellen, wollte auf diesem Wege seinen Titeln oder Privilegien Gültigkeit verschaffen. Heute treibt meine Kunden vor allem die Eitelkeit an, die, so unerklärlich sie sein mag, mir doch hilft, mein tägliches Brot zu verdienen. Manche Auftraggeber interessieren sich für mögliche erbliche Belastungen durch ihre Vorfahren, andere wollen wissen, ob diese durchwegs rechtmäßige Abkömmlinge ihrer Erzeuger waren, wieder andere sind auf der Suche nach Reinheit des Blutes oder einer möglichen adligen Herkunft. Keiner jedoch – ich weiß es nur zu gut – lässt sich auf das Wagnis ein, die ganze Wahrheit mitsamt ihren Höhen und Tiefen in Erfahrung zu bringen. Und trotzdem, so seltsam es scheinen mag, können sie nie ganz davon lassen.

Wer über mögliche Verfehlungen seiner Vorfahren Bescheid wissen will, lässt sich –

diskret – darüber berichten, wie die, die ihm vorausgegangen sind, es zu Ruhm und Ansehen gebracht haben. Solche Kundschaft, erfahren in den Wechselfällen des öffentlichen Lebens, verschmerzt es kaum, auch nur den geringsten Flecken auf der Weste eines Ahnen zu entdecken. Ich habe Achtung vor so viel Gewissenhaftigkeit, die ohne Rücksicht auf die Gegenwart in die geheimnisvollen Tiefen der Vergangenheit vordringt. Wer diesem zerbrechlichen Band folgt, sei es zum Guten oder zum Schlechten, wird nicht unverändert von dort wiederkehren.

Nicht umsonst zielen in vielen Sprachen die schlimmsten Beleidigungen nicht auf die geschmähte Person selbst, sondern auf deren Herkunft – ihren Ursprung, auf den sie keinerlei Einfluss geschweige denn irgendein Mitsprache- oder Wahlrecht hat. Die beliebtesten Ausdrücke – wie »Hurensohn« (oder auch »-tochter«) und dergleichen – stellen eine unverblümte Bewertung der Vorfahren des Betroffenen dar und sprechen diesen selbst im Gegenzug von jeder Verantwortung frei. Denn *aller Hass auf die Vergangenheit wie auch der Groll gegen Gottvater erweist sich zuletzt als Unvernunft, die gegen die Unendlichkeit oder gegen das Nichts anrennt.*

Durch ihre ständig wiederholte Bezugnahme auf unseren vor der Geburt liegenden Ursprung weist die Sprache auf etwas hin, was wir eigentlich immer schon wissen. Die abschätzige Bezeichnung »unbewusst« hat dieser Bereich nicht verdient. Angemessener wäre es, von »allbewusst« zu sprechen, denn das weist auf etwas, was sich dem Alltagsbewusstsein entzieht.

Gestern Abend kam mir bei der Arbeit der folgende Gedanke: Menschen ohne irgendeine Beziehung zur Vergangenheit gibt es nicht. Vielleicht verdankte ich diese Einsicht meiner Nebenbeschäftigung. Der Zoologe Maurice Maeterlinck kam jedenfalls am Beispiel der Bienen zum gleichen Ergebnis. Für ihn stellt sich der Bienenstock selbst als der lebendige Organismus dar, die einzelnen Bienen dagegen als bloße Zellen, die erst durch den Organismus ihren Sinn erhalten. Vielleicht ist auch jeder Mensch nur die Zelle eines unsichtbaren Organismus – eines Organismus, dessen Vergangenheit die Ahnenforschung untersucht, während die Sprache sein von allen geteiltes Gedächtnis darstellt. Dass der Organismus in verschiedenen individuellen Körpern Gestalt annimmt, wäre dagegen ein rein zufälliges Zusammentreffen.

Das Individuum ist also eine Momentaufnahme, in der die Spannungen, Versäumnisse und Begierden des riesigen Bienenstocks sich überschneiden. Wären wir in der Lage, die Familiengeschichten von wenigstens zehn Generationen dieser Schatten, die im Zeitlichen Gestalt angenommen haben, bis ins Detail genau wiederzugeben, könnten wir die unsichtbaren Triebfedern erkennen, die sie zu dem gemacht haben, was sie sind. Auf demselben Weg könnten wir die Leitlinien und die innere Ordnung des Bienenstocks ausmachen. Was wäre das für eine Geschichte, ohne Subjekte? Was spielte sich da ab? Und zu welchem Ziel und Zweck? Wir hätten eine ganz neue Wissenschaft statt der auf Tatsachen fixierten Chronologie, die

die menschliche Geschichte bis heute auf bedeutungslose Zahlen oder banale Anekdoten beschränkt.

Die – täuschende – materielle Anwesenheit unserer Person hindert uns jedoch daran, uns als Blutsverwandte anderer Körper – mit anderen Masken und anderen Namen – wahrzunehmen, mit denen uns ein Faden über die Zeiten hinweg verbindet.

Einstweilen übergehe ich in meinen Forschungsberichten all die Morde, Raubzüge und Inzeste, wie sie in allen Familien vorkommen – was jedermann im Prinzip zugibt, für seine eigene Familie jedoch niemals hinnehmen würde. Und noch viel weniger wäre der Kunde bereit, für derlei Erkenntnisse zu bezahlen, sägt doch keiner gern am Ast des Stammbaums, auf dem er sitzt.

Um mein Geständnis abzurunden, füge ich hier hinzu, dass diese Überlegungen nicht ohne Einfluss auf meinen Charakter geblieben sind. Reiche ich jemandem zur Begrüßung die Hand, sehe ich in meinem Gegenüber die Verkörperung eines Rätsels. Die sich berührenden

Handflächen gleichen zwei aneinandergefügten Buchstaben eines umfangreichen Textes, dessen Gesamtbedeutung zu entschlüsseln mir verwehrt ist. In jedem, der mit einem Auftrag an mich herantritt, entdecke ich das Phantom, das sich aussprechen möchte. Ich erforsche die unsichtbaren Antriebe des großen Prozesses und trage die Vergangenheiten anderer zusammen, um ihnen auf ihrem Weg zu helfen. Aber ich bin voller Sorge, mit meinen Bemühungen könnte ich längst eins der verborgenen Gesetze des unsichtbaren Bienenstocks verletzt haben.

Neulich suchte mich eine selten schöne Frau auf, die Auskunft über ihre Familiengeschichte erhalten wollte. Ich bemühte mich sehr, ihr zu Diensten zu sein, denn meine Kunden sind für gewöhnlich Männer, die in ihrer Eitelkeit dazu neigen, Familiengeschichte mit prahlerischer Wappenkunde zu verwechseln. Was freilich auch an der Art liegt, wie bei uns die Nachnamen weitergegeben werden – so als trügen die Frauen nicht selbstverständlich mit der Hälfte zum Erbteil bei.

Sie war um die vierzig Jahre alt, arbeitete als Anthropologin und hieß Beatriz. Jedenfalls hatte ihre Ururgroßmutter – wie sie mich errötend wissen ließ – eine Affäre mit ihrem Urgroßvater gehabt. Ob ich womöglich von der Geschichte gehört hätte, fragte sie.

In ihrer Schamhaftigkeit erkannte ich den Anachronismus einer Epoche wieder, die es verstanden hatte, das Begehren zu fördern, indem sie es durch Umschreibungen verfeinerte, statt es durch übermäßige Offenherzigkeit zu erschöpfen. Ich wollte ihr nicht widersprechen. In Wirklichkeit war es eine Sache zwischen ihrer Urgroßmutter und ihrem Großvater gewesen. Dieser hatte die Tochter geheiratet, seine Liebesbeziehung zur Mutter jedoch beibehalten. Kurz, ein Verhältnis zwischen Schwiegermutter und Schwiegersohn.

Nachdem eine der Prämissen meiner Wissenschaft die – unbewiesene – Treue der Frauen ist, machte mir diese meinen erkenntnistheoretischen Grundlagen auf skandalöse Weise zuwiderlaufende Tatsache durchaus zu schaffen. Da ich mich aber andererseits rühme, eine

Kunst zu betreiben, deren vornehmste Aufgabe darin besteht, wieder herzustellen, was es nie gegeben hat, fragte ich, wie ich ihr helfen könne.

Beatriz wollte die Geschichte aus der Welt schaffen. Dafür bot sie mir eine hübsche Summe Geld an, was sie als unverheiratete Frau einige Überwindung kostete. Bevor ich auf ihr Angebot einging, fiel mir, warum auch immer, ein Satz von Thomas von Aquin über die Beschränkung des Göttlichen ein: »Nicht einmal Gott kann die Vergangenheit ändern.« Und gleich darauf diese Gewissheit Anselms von Canterbury: »Die Gottheit kann sich unmöglich selbst Schaden zufügen.«

Die einsame Frau vor mir nahm die Einsamkeit, die ihre Urgroßmutter nicht hatte ertragen wollen, als Buße auf sich. In meinem – stetig anwachsenden – Archiv befand sich auch ein Brief, den ein Pfarrer einst zu Beginn des letzten Jahrhunderts in dieser Sache an seinen Bischof geschrieben hatte. Sie wusste davon und sah mich entsprechend vielsagend an.

Um mich in meiner Entscheidung nicht von

der Schüchternheit des Junggesellen, der sich zum enthaltsamen Leben entschlossen hat, beeinflussen zu lassen, bat ich sie, an einem anderen Tag wiederzukommen. Sie willigte ein.

Als ich darauf aber alleine vor der Hinterlassenschaft ihrer Vorfahren saß, brach in meinem Inneren ein Kampf aus: Sollte ich ein vergangenes Ereignis, auch wenn es den Konventionen der Gegenwart zuwiderlief, unangetastet lassen oder aber ein Beweisstück vernichten, das sich durch die kostbare Würde auszeichnete, dass es existierte?

Über dem Bericht vom Ausgang meiner Erwägungen liegt der Schatten jenes Zweifels, denn ich weiß nicht, ob ich eine meiner Werteskala angemessene Lösung finden konnte oder an diesem Versuch gescheitert bin.

Der Name Beatriz – Dantes unerobert gebliebener Himmel – sorgt für eine gewisse Irritation. Vielleicht sollte ich mich erklären: Für einen Ahnenforscher in seiner Sucht nach Wappenbildern und -feldern sind Tiere Symbole, mit denen die Geschlechter ihre Wappenschilde verzierten; für einen Anthropologen dagegen, das sei endlich einmal klar ausgesprochen, ist das Tier der uralte Vorfahr des Menschen. Vielleicht sind die Anthropologen einfach Ahnenforscher, die sich zu weit zurückgewagt haben. Ich beschränke mich auf den knappen Zeitabschnitt von dreißig Generationen, deren Geschichte ich erfasse, halte die zoologische Sichtweise jedoch für durchaus gerechtfertigt. Trotzdem, das glücklicherweise inzwischen abgelaufene letzte Jahrhundert hat aus dieser Abstammungslinie eine Ausrede für alles und jedes gemacht, die eine Seele nur hinnehmen kann, indem sie sich selbst aufgibt.

Darwins Beitrag zur Ethik besteht freilich vor allem in der Entdeckung, dass unsere Nachkommen auf lange Sicht keine Menschen mehr sein werden. Was nach uns kommt, wird sich von uns so sehr unterscheiden wie wir von den Orang-Utans. Diese Erkenntnis wird uns aber auch dazu bringen, unserer in Vergessenheit geratenen Verwandtschaft mit den Engeln nachzugehen, und meine buchstäblich auf den Hund gekommene Wissenschaft wird sich erneut zu stolzer Höhe emporschwingen – oder wie Dante gesagt hat:

»Seht eure Abkunft an! Seid nicht gemacht,
Hienieden wie das blöde Vieh zu leben:
Auf Tugend und auf Wissen habet acht!«

Im Gegensatz hierzu unterwirft der Soziologe – der Anthropologe, dem die Indios ausgegangen sind – alles der Statistik. Doch deren grobkörniges Raster dient nur dazu, die Diktatur der Mehrheit zu propagieren, die wie eine Invasion jener Wandelnde Blätter genannten Insekten über den Bienenstock herfällt. Während die Kunst den Menschen auf die Höhe seines ganzen Könnens führt, beschränkt die Statistik seine Bedeutung auf einen Wert, der gegen null geht.

Wer so fest an Zahlen glaubt und dabei nicht mehr als ein vereinzeltes Individuum ist, sieht sich am liebsten als eine ganze Symphonie. Dabei weiß er nicht das Geringste von den Feinheiten eines *Adagio molto delicato*. Auf der Suche nach den letzten Rätseln des Lebens verfiel einst ein buchhalterischer Rechenkünstler auf den Gedanken, zu ermitteln, wie viele Todesfälle es seit Anbeginn der Menschheit insgesamt gab. Maßvoller und einsichtiger zeigte sich da der göttliche Dante, als er beim Anblick der Geister, die im Schattenreich der Fahne des Todes folgten, niederschrieb:

»Und hintendrein, da kam in langem Zug
Viel Volks daher, weit mehr, als ich je dachte,
Dass gar so viel des Todes Hippe schlug.«

Dies also zu den Grenzen meines Fachs. Ich räume ein, dass die Generationen keineswegs der Antrieb der Geschichte sind, sondern bloß ihr Gefährt. Und doch gäbe es ohne meine Nachforschungen für viele Namen nichts als ein Kreuz und zwei Jahreszahlen, die eine völlige Leere umschließen.

Natürlich sind die von mir ermittelten spärlichen Angaben über die dazugehörigen menschlichen Wesen bloße Kratzer in der Oberfläche des ewigen Vergessens. Aber das ist nun einmal unser Schicksal und der Antrieb aller Kunst, im Unterschied zu den Ideologien, die lieber einen falschen Maßstab anlegen, als sich in die Maßlosigkeit der Welt zu fügen.

Mehr als tausend Jahre vor Dante veranschaulichte der Historiker Titus Livius das Ausmaß dieses Vergessens, das die Lateiner mit dem Begriff *oblivio* bezeichneten. Als er einmal auf die mächtige Stadt Cartala zu sprechen kam, von der man heute nichts mehr weiß, fügte er hinzu: »Die Stelle, wo sich diese Stadt befunden hat, die Polybios Althaia nennt, kennt man nicht ...«

An dem mit Beatriz verabredeten Tag hörte ich die *Rhapsodie über ein Thema von Paganini,* in der der bekümmerte Sergej Rachmaninow endlich das schmerzhafte Schicksal, das jedes lebendige Wesen erwartet, anzunehmen scheint. Das rief mir Dantes mitleidvolle Verse aus dem Purgatorium ins Gedächtnis:

»Die Toten tot, lebendig, die da leben –
Wers wahrhaft säh, siehts besser nicht als
ich.«

Da kam Beatriz herein, wie der Mond, wenn er sich wieder über dem Hof sehen lässt. Sie war ganz in Himmelblau gekleidet, aus ihrem zurückhaltenden Ausschnitt stieg ein leiser Duft von südamerikanischen Früchten – als wir uns später unterhielten, erwähnte sie auch den Namen ihres Parfüms: Shambalá. Was jedoch den Ausschlag gab, waren ihre Augen, sie blickten nachdenklich und still wie ein See, der nichts von dem heftigen Kampf auf seinem Grund verrät.

Ich bot ihr eine Tasse Kaffee von den exotischen Berghängen Antioquias an, ein Getränk, das den von anderen Speisen abgestumpften Geist erfrischt. Hierauf gab ich ihr ohne weitere Umstände den belastenden Brief jenes Pfarrers. Sie las ihn durch und übergab ihn dann mit einer womöglich allzu vertrauensseligen Geste den Flammen im Kamin meiner Bibliothek.

Heute sind wir eng befreundet. Bei der Untersuchung der Leben ihrer Vorfahren ergab sich neben anderen Tugenden als ein besonderes Merkmal ihrer Familie die Keuschheit.

Eine Änderung der Vergangenheit kann zwei Menschen fast ebenso nahe zusammenbringen wie die gemeinsame Arbeit an ihrer Zukunft. Wenige Tage später ließ Beatriz durchblicken, dass ihr an ihrem Dasein als Alleinstehende wenig gelegen sei und sie im Gegenteil danach strebe, ihr Leben künftig mit jemandem zu teilen.

Ich jedoch bin und bleibe der Letzte meines Namens. Meine Lügen werden einzig und allein rückwärtsgerichtet sein, um die verehrungswürdige Vergangenheit in edlerem Lichte erscheinen zu lassen. In eine kosmische Zukunft setze ich mein Vertrauen nicht, das übersteigt meine Möglichkeiten und alle mir vorstellbaren Vorsichtsmaßnahmen.

Ich dankte ihr freilich für die in mich gesetzten Hoffnungen.

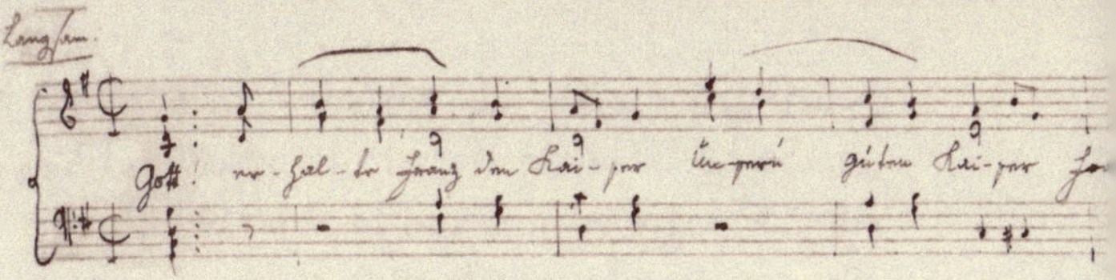

Die Schöpfung

Eines Bogotaner Morgens mit viel Licht, ohne dass die Sonne zu sehen gewesen wäre, hörte ich Haydns *Schöpfung,* während die Himmelskuppel, indes der Sommer den zarten Mund öffnete, sich über der Stadt immer weiter ausdehnte.

Zu den rauschenden Klängen des Chorgesangs verbreitete sich der Duft des Kaffees aus Huila, den die weise Adela zubereitete. Nichts geschah, mit anderen Worten: Alles, was geschah, geschah innerlich.

Da betrat ein Mann den Musikladen. Er war weder alt noch jung, und wie alle Schiffbrüchigen unserer Hauptstadt kam er sofort zur Sache: »Haydn war ein Prophet und Visionär«, sagte er umstandslos zur Begrüßung. Ein nervöser Tick hielt seine aufsässige rechte Schulter in ständiger Bewegung.

Ich wünschte ihm einen guten Tag und bemühte mich, seine zuckende Schulter zu ignorieren.

Er bat mich, die CD noch einmal von vorne laufen zu lassen, während er mit seinen langen Fingern wie ein ungeduldiger Alchemist die Ware durchwühlte.

Ich tat ihm den Gefallen. Beim Erklingen der berühmten Eröffnung fragte er: »Hören Sie das, wie das knallt? Das ist der Big Bang, mit dem das Universum anfängt. Wie hat Haydn das nur geschafft – der Naturwissenschaft ist er damit um Jahrhunderte voraus!« Sein Tick ließ ihn die rechte Augenbraue hochziehen, worauf er fünfmal hintereinander das linke Auge zukneifen musste. Ich bot ihm eine Tasse Kaffee an, aber mit den Worten »Davon werde ich nervös« lehnte er ab.

Ich konnte mir ein Lächeln nicht verkneifen.

Um es zu rechtfertigen, erzählte ich ihm, Voltaire, damals schon in den Achtzigern, habe auf die Warnung eines Kardinals, der den Kaffee als Gift bezeichnet hatte, erwidert: »Mag sein, Eminenz, aber es wirkt doch recht langsam.«

Er lächelte nicht zurück, sondern beharrte auf seiner Frage: »Wie hat Haydn das bloß gemacht? Der Big Bang ist doch erst vor Kurzem entdeckt worden – ist er da wirklich ganz von alleine draufgekommen?«

»Vielleicht ist er von der Bibel ausgegangen«, hörte ich mich sagen, »von der Genesis. Nur dass einem das erst heute durchaus denkbar vorkommt: dass Gott zuerst das Licht schuf, noch vor der Sonne und den Sternen …« Mehr sagte ich nicht, denn im Hintergrund ließ sich die Stimme des Engels Uriel vernehmen.

»Wie beim Big Bang«, sagte er und schlussfolgerte unerschütterlich: »Aber damit wird meine Frage nicht beantwortet, sondern bloß verschoben, in noch größere Entfernung.«

»So ist es«, stimmte ich ihm zu.

»Gläubige fühlen sich dadurch natürlich bestätigt«, versetzte er zögernd, während der

Bariton mit ernster Stimme den Erzengel Raphael zum Sprechen brachte.

»Das weiß ich nicht«, sagte ich, um ihn mit seinen Zweifeln nicht alleinzulassen. »Die Form meines Glaubens ist jedenfalls konkav: Die Attacken der Ungläubigen verunsichern ihn weniger als die Erklärungen der Gläubigen. Die stellen ihn auf eine Probe, die kaum weniger schwer durchzustehen ist als manches Mal die Musik bei der Sonntagsmesse.«

Das nervöse Zucken befiel jetzt seinen Nacken. Um sich dagegen zu wehren, schob er die Finger in den Kragen, bevor er antwortete, das liege daran, dass Gedanken die reinsten Kobolde seien. Wie im Schattentheater gäben sie sich nur als schwarze Umrisse zu erkennen.

Und noch bevor Haydns Schlusschor erklang, verabschiedete er sich so plötzlich und unvermittelt, wie er erschienen war, und machte sich, inzwischen ein einziges zuckendes Nervenbündel, auf in die durchscheinende Einsamkeit Bogotás, die voller Licht ist, auch wenn die Sonne sich manchmal gar nicht zeigt.

Symphonie mit dem Paukenschlag

An diesem Nachmittag war gerade der Schlusschor von Schuberts *Ave Maria* verklungen, in dem Mann und Frau sich einen Sängerwettstreit liefern. Die weiblichen Stimmen bringen ihre Anteilnahme am Schmerz der Heiligen Jungfrau zum Ausdruck, aus der Stimme des Mannes dagegen erhebt sich die Trauer eines Sohnes, der die Mutter zu Grabe getragen hat.

Kaum hatte ich danach Pergolesi aufgelegt, hörte ich hinter mir ein trockenes Husten. Ich drehte mich um. Vor mir stand der ehemalige Anführer der FARC-Guerilla, der mich unverwandt ansah und um musikalischen Rat bat.

Ich entgegnete, von Militärmusik verstünde ich nicht so viel. Er lächelte, weil er begriff, dass ich ihn erkannt hatte, doch bevor er in richtiges Lachen ausbrechen konnte, musste er erneut husten. Er sagte, er sei nicht mit der Waffe in der Hand zur Welt gekommen. Das Lesen habe er an einer zweisprachigen Schule des kolumbianischen Erdölunternehmens – natürlich in US-Besitz – gelernt, die für die Kinder der Angestellten am Ufer des Río Magdalena errichtet worden war.

Sein Husten klang besorgniserregend. Ich fragte, womit ich ihm sonst behilflich sein könne, doch er, als wollte er sich Mut machen, ließ sich nicht vom Thema abbringen und sprach weiter über Militärmusik. Statt unmittelbar darauf einzugehen, wählte ich den Umweg der Gelehrsamkeit, der den Vorteil hat, anderen Lippen die Verantwortung zuzuschieben: »Clemenceau hat gesagt, die Militärmusik ist für die Musik das Gleiche wie die Militärjustiz für die zivile Justiz.«

Da hustete er wieder, machte eine kleine Verbeugung und lachte. Seine Stimme klang keineswegs unangenehm, auch wenn ich hinter der Stimme eines Kriegers stets die Stimmen der Kriegswaisen mit zu vernehmen meine. Da sich der Fanatismus im Humor wie in einem Prisma auflöst, räumte er ein, er habe sich auch aus der Politik, dieser Fortsetzung des Krieges mit anderen Mitteln, zurückgezogen. Er zog ein Taschentuch hervor und sagte, in der Stadt habe er eine viel stärkere Ablehnung der Militärs erlebt als auf dem Land, wo die eigentlichen Kämpfe stattfänden. »Dort kennt man uns eben«, fügte er mit bäuerlichem Gleichmut hinzu. Auf seinem Gesicht wurde da der Mensch sichtbar, der einst die Härte der Gewalt angenommen haben musste wie in alten Zeiten die Könige ihr schwieriges Schicksal.

Ich ging erneut nicht unmittelbar auf seine Worte ein, sondern erinnerte ihn wie zur Entschuldigung daran, dass es viele Berufe auf der Welt gebe, doch bloß drei Berufungen: die des Dichters – des Mannes, der die Taten der anderen besingt –, die des Priesters – des Mannes, der die anderen segnet – und die des Kriegers – des Mannes, der die anderen, aber auch sich selbst opfert. Dazu gab ich ihm den Rat Baudelaires: Sei stets ein Dichter, auch wenn es in Prosa ist.

Der Krieger sagte, er sei auf der Suche nach einem Kinderlied, das ihm seine Englischlehrerin einst bei vierzig Grad im Schatten am Ufer des Río Magdalena beigebracht habe.

Er hatte sein Englisch längst vergessen, in schlaflosen Nächten jedoch stiegen manchmal die folgenden Zeilen in ihm auf. Er trug sie mit krächzender Stimme vor:

Twinkle, twinkle, little star,
how I wonder what you are.

Er verstummte keuchend, worauf ich wieder dem Schlusschor des *Stabat Mater* in all seiner lastenden Schicksalsschwere folgen konnte. Er bat mich, ihm zu sagen, von wem dieses Kinderlied sei. Zuerst wollte ich ihm die spätere Fassung, die von Mozart, geben, entschied mich dann jedoch für die sorgfältiger durchgearbeitete von Mozarts geliebtem Meister. Ich ging zu dem Fach mit den Aufnahmen von

Haydn, suchte die Symphonie Nr. 94 heraus, dirigiert von Herbert von Karajan, und legte dem alten Guerillero besonders den zweiten Satz ans Herz.

Als er die Kopfhörer aufgesetzt hatte, knetete er die Hülle dieses – passenderweise auch als *Surprise* bekannten – Werks zwischen den Händen.

In herrischem Ton gab er bekannt, dass er die Aufnahme mitnehme. Aus Höflichkeit fragte er anschließend, was für eine Musik da gerade im Laden zu hören sei. »Das? Das ist das Letzte, was Giovanni Battista Pergolesi in seinem Leben komponiert hat, hundert Jahre vor Simón Bolívar«, erklärte ich.

»So alt ist das?«, sagte er, offensichtlich neugierig geworden.

»Ja«, antwortete ich, »aber er ist schon mit sechsundzwanzig Jahren an der Schwindsucht gestorben.«

Die siebte Symphonie in A-Dur

Ich träumte, ich hätte einen Unbekannten erwürgt und anschließend bei mir im Keller begraben. Schlimmer als die Tat an sich war in meinem Alptraum die – wenn auch wenig wahrscheinliche – Vorstellung, ich könnte entdeckt werden. Beim Aufwachen war vom gewohnten Einklang mit dem Universum nichts zu merken; stattdessen erfüllte mich ein heftiges und unangenehm zwiespältiges Schuldgefühl. Shakespeares *Sturm* fiel mir ein: »Ein feierliches Lied, der beste Tröster / zur Heilung irrer Fantasie!«

Angestachelt von der Scham über das nicht

begangene Verbrechen, beschloss ich, den eingebildeten Schmerz wie ein entzündetes Knie zu behandeln. Ich bat Adela, sich um die Kundschaft zu kümmern, und zog mich zurück, um das Leben wie einen unbekannten Film an mir vorbeiziehen zu lassen. Vom Fenster im zweiten Stock des Geschäfts aus blickte ich über die Plazoleta und sah einen halben Mann, der seinen Rumpf auf einem hölzernen Wägelchen fortbewegte, wobei er mit lauter Stimme Lotterielose feilbot und allen Leuten versprach, ihr Schicksal stehe kurz davor, die entscheidende Wendung zu nehmen.

Ihm folgte in so banalem wie freiwilligem Autismus ein junger Mann mit Hörstöpseln in den Ohren. Ein Wachmann, der zwei Hunde an der Leine führte, überquerte den Platz, er war schwarz gekleidet und sah aus, als hätte er sich schon seit Langem nicht mehr richtig satt gegessen. Hinter ihm flogen die Tauben vor der Kirche hin und her, der Bühne, vor der wir unsere Werte offenlegen oder auch in Abrede stellen.

Von unten drangen die Klänge von Beethovens siebter Symphonie herauf – ein Tanz entfesselter Kräfte, bei dem in langer Reihe Wesen auf der Suche nach einem höheren Sinn an uns vorüberziehen. Sooft ich sie auch schon gehört hatte, sie klang doch jedes Mal anders – wie es in Heraklits Zurückweisung durch Kratylos heißt: Niemand kann auch nur *einmal* in denselben Fluss steigen, denn weder sein Körper noch der Fluss bleiben sich gleich.

Da betrat der berühmte Journalist Daniel den Laden. Jahrelang hatten wir uns über seine scharfzüngigen Äußerungen über sämtliche Regierungen amüsiert. Umso mehr amüsierten wir uns später über all das, was er verschwieg, kaum dass ein mit ihm verwandter Politiker mit dem Spitznamen »der Elefant« zum Präsidenten gewählt worden war …

Beethoven ließ die im *Poco sostenuto – Vivace* des ersten Satzes angestaute Spannung ausklingen; mit stolzem Hörnerklang feierte er die freie Bewegung und ließ den Geist auf unhörbarer Leiter verzauberte Höhen von ständig sich wandelnder, niemals gleicher Gestalt erklimmen.

Der Journalist entschied sich für eine Aufnahme mit sechs Arien, gesungen vom Tenor Alfredo Kraus, und händigte Adela das Geld dafür aus. Ich versuchte seine plötzliche Angepasstheit zu entschuldigen, indem ich mir sagte, Humor ohne guten Grund gerät zum bloßen Gewitzel, außerdem habe er sich von dem edlen Gefühl der Brüderlichkeit verleiten lassen. Mir war klar, dass diese Ausrede auf schwachen Füßen stand. Jedenfalls hatte es wenig gebracht, weiterhin seine Artikel zu lesen, seit seinem geräuschvollen Schweigen kamen sie mir vor wie das Kaufhaus El Tia, wo es eine Unmenge von Sachen gibt, alle schön ordentlich an ihrem Platz, aber darunter nichts von irgendeinem besonderen Wert.

Als das *Allegro con brio* einsetzte, machte ich mich auf in die Stadt. Die Scham über meinen Traum drückte schon weniger, und nicht gerade bescheiden tröstete ich mich mit Platos Sentenz:

Der Tugendhafte begnügt sich, von dem zu träumen, was der Böse im Leben verwirklicht.

Der Autor

Mauricio Botero, geboren 1948 in Bogotá, arbeitete als Kulturattaché der Botschaft Kolumbiens in Buenos Aires, wo er Freundschaft mit Jorge Luís Borges schloss. Seit der Rückkehr in sein Heimatland schrieb Botero für verschiedene lateinamerikanische Zeitungen und veröffentlichte Essays zu philosophischen und historischen Themen. Für sein erstes Buch *Cóncavo y convexo* erhielt er 1994 den Premio Nacional de Ensayo, für *Don Ottos Klassikkabinett* wurde er 2001 mit dem Premio Nacional de Cuento ausgezeichnet. Unlängst war er Programmleiter beim Kultursender Inravisión und Gastdozent an der Universidad del Este auf Puerto Rico. Mauricio Botero, der mit dem gleichnamigen berühmten Maler verwandt ist, lebt in Bogotá.

Der Übersetzer

Peter Kultzen, geboren 1962 in Hamburg, studierte Romanistik und Germanistik in München, Salamanca, Madrid und Berlin. Er lebt mit seiner Familie als freier Lektor und Übersetzer spanisch- und portugiesischsprachiger Literatur in Berlin.

Bildnachweis

Die Abbildungen sind Ausschnitte aus Originalhandschriften der in den Texten erwähnten Komponisten.

11 Olivier Messiaen: *Chronochromie,* aus: Gilles Cantagrel: *Musikhandschriften aus zehn Jahrhunderten von Guido von Arezzo bis Karlheinz Stockhausen.* 2005 Knesebeck, München, S. 195.

16 Antonio Vivaldi: *Streichkonzert in c-Moll,* aus: ebd., S. 55.

22 Anton Bruckner: *Sinfonie Nr. 9 d-Moll, Adagio,* aus: Günter Brosche (Hg.): *Musikerhandschriften von Heinrich Schütz bis Wolfgang Rihm.* 2002 Reclam, Stuttgart, S. 101.

28 Béla Bartók: *Herzog Blaubarts Burg,* aus: Cantagrel, S. 175.

33 Johann Sebastian Bach: *Kaffeekantate,* aus: ebd., S. 62.

40 Ludwig van Beethoven: *Sonate Appassionata,* aus: ebd., S. 86.

48 Georg Friedrich Händel: *The Messiah,* aus: Brosche, S. 31.

54 Johann Sebastian Bach: *Matthäuspassion,* aus: Cantagrel, S. 65.

60 Sergej Prokofjew: *Die Liebe zu den drei Orangen,* aus: ebd., S. 187.

64 Wolfgang Amadeus Mozart: *Don Giovanni,* aus: ebd., S. 82.

71 Ludwig van Beethoven: *Violinkonzert D-Dur, op. 61,* aus: Brosche, S. 51.

72 Johannes Brahms: *Variationen für Orchester über ein Thema von Joseph Haydn, op. 56a,* aus: ebd., S. 89.

77 Motette aus dem Manuskript von Bamberg, aus: Cantagrel, S. 16.

83 *Kyrie* und *Gloria* aus dem Tropus von Mainz, aus: ebd., S. 13.

90 Wolfgang Amadeus Mozart: *Requiem,* aus: Brosche, S. 47.
93 Josquin Desprez : *Ave sanctissima Maria,* aus: Cantagrel, S. 29.
98 Ludwig van Beethoven: *Sonate für Violine und Klavier, op. 96, Nr. 10,* aus: ebd., S. 89.
104 Gabriel Fauré: *Requiem,* aus: ebd., S. 152.
108 Piotr Tschaikowski: *Eugen Onegin,* aus: Brosche, S. 93.
112 Georges Bizet: *Carmen,* aus: Cantagrel, S. 141.
119 *O natio nephandi,* Motette aus dem Manuskript von Montpellier, aus: ebd., S. 17.
123 Robert Schumann: *Sinfonie Nr. 4,* aus: ebd., S. 115.
128 Franz Schubert: *Winterreise,* aus: ebd., S. 98.
134 Frédéric Chopin: *Mazurka in fis-Moll, op. 59, Nr. 3,* aus: ebd., S. 110.
139 Richard Strauss: *Don Juan,* aus: ebd., S. 161.
144 Giuseppe Verdi: *Othello,* aus: ebd., S. 127.
148 Georg Philipp Telemann: *Passion nach St. Matthäus,* aus: ebd., S. 57.
153 Sergej Wassiljewitsch Rachmaninow: *Konzert Nr. 4,* aus: Threlfall, Robert; Norris, Geoffrey: *A Catalogue of the Compositions of S. Rachmaninoff.* 1982 Scolar Press, London, S. 128.
169 Joseph Haydn: *Gott! Erhalte Franz den Kaiser,* aus: Brosche, S. 49.
173 Joseph Haydn: *Sinfonie in B, Nr. 91,* aus: Cantagrel, S. 77.
178 Ludwig van Beethoven: *Neunte Sinfonie,* aus: ebd., S. 91.

Umschlag: Autograf von Clara Schumann, aus: Hans-Rudolf Wiedemann: *Briefe und Albumblätter großer Komponisten und Interpreten in Handschriften mit Textabdruck und Porträts der Autoren.* 1990 Graphische Werkstätten, Lübeck, S. 227.

Inhalt

Willem Elsschot

Maria in der Hafenkneipe

Frans Laarmans (Elsschots Alter Ego), ein vorurteilsbeladener Antwerpener Bürger mit Frau und sechs Kindern, beschließt an einem regennassen, kalten Winterabend, endlich den Pfad der Tugend zu beschreiten und auf direktem Weg nach Hause zu gehen. Da kommen ihm drei afghanische Matrosen in die Quere. Sie halten ihm den Boden einer Zigarettenschachtel unter die Nase, worauf in Krakelschrift eine Adresse steht. Laarmans ist nur zu gern bereit, alle guten Vorsätze fahren zu lassen und den dreien zur Begegnung mit einer gewissen Maria van Dam, wohl einer Dame mit schillerndem Ruf, zu verhelfen.

Maria in der Hafenkneipe ist Elsschots letzter Roman und gilt als sein Vermächtnis. Er gehört in Belgien und den Niederlanden zu den Klassikern und wurde 1948 mit dem belgischen Staatspreis für erzählende Prosa ausgezeichnet.

Aus dem Niederländischen von Gerd Busse
96 Seiten
Leinen, mit Lesebändchen